KB171906

열기구 조종사

Travels in the Air

일러두기

-이 책은 세 명이 공저한 『Travels In The Air』 중에서 James Glaisher가 집필한 「Aerial Travels Of Mr. Glaisher」를 축약 번역한 것이다.

-원문에 포함된 그림 외에 따로 출처를 밝히지 않은 이미지는 Wikimedia Commons에서 가져 왔다.

Travels in the Air

열기구 조종사

하늘길 여행자 에어로너츠

영화 <에어로너츠>의 모티브

실존 인물의 실제 비행

제임스 글레이셔 지음 | 정탄 옮김

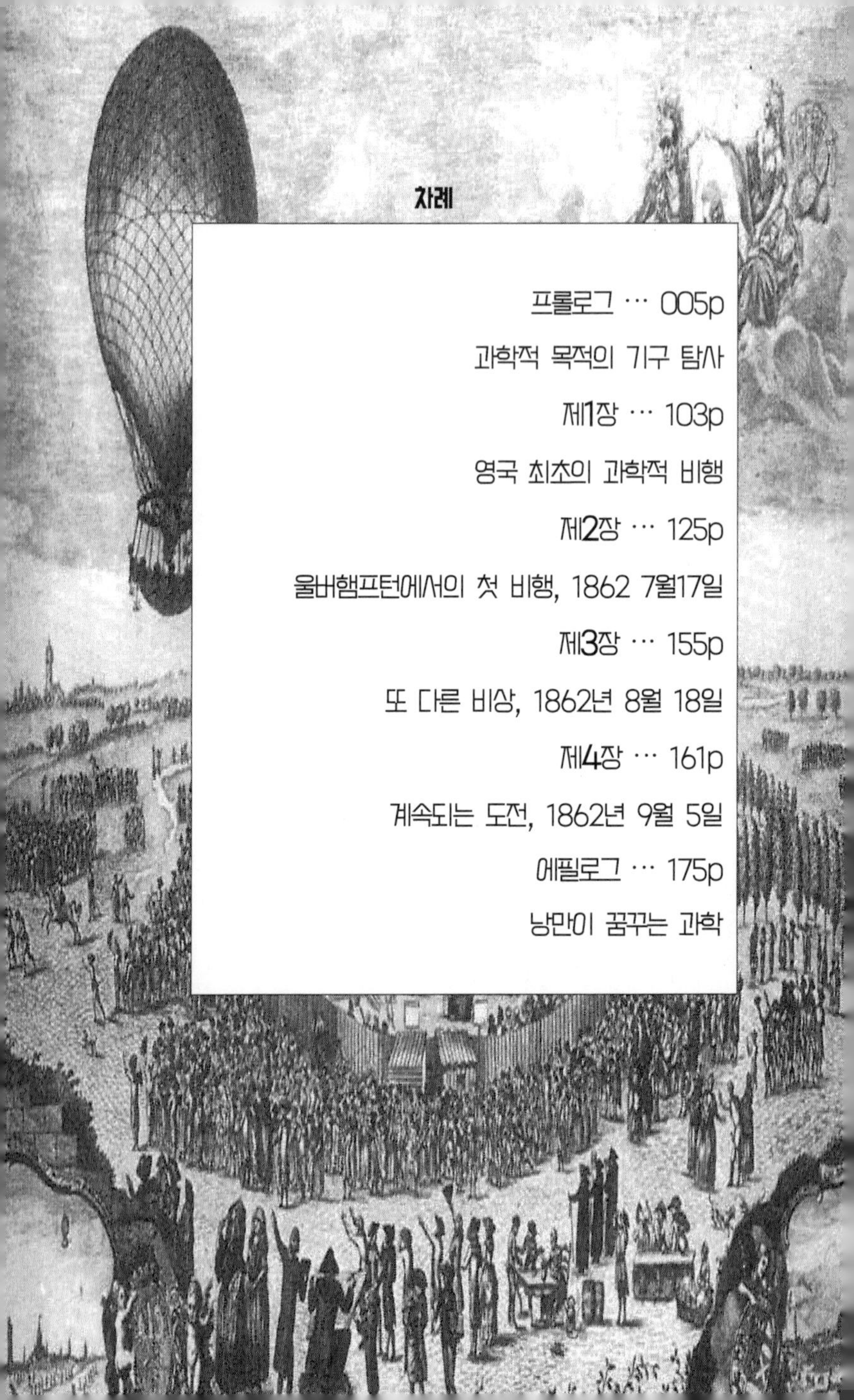

차례

프롤로그

과학적 목적의 기구 탐사

나는 어느 자리에서나 지금까지 제시된 몇 가지 항공 수단 중에서 기구를 제1원리 다시 말해서 가장 기본적인 원리로만 간주해야 한다고 주장해왔다. 기구의 현재 형태로는 영리 사업에 쓸모가 없고, 일상생활에도 거의 응용되지 않아서 내일 당장 잊힌다고 해도 삶의 편의 면에서 아쉬울 것이 전혀 없다. 그러나 우리에겐 좀 더 기다려볼 여지가 있다. 기구는 이미 인간을 위하여 다른 수단으로는 불가능한 성과들을 이루었기 때문이다.

새로운 관점에서 지구를 바라보고 새와 곤충의 독점적인 영역을 경험하고픈 우리의 자연적인 욕구를 채워주었다. 우리는 기구를 이용하여 창공으로 올라갈 수 있게 됐고, 지상에서 가장 높은 산보다 더 높은 고도에 도달함으로써 그동안의 추측을 사실로 바꿀 수 있게 됐다.

초창기 기구 조종사들 사이에는 인간의 천부적인 재능과 새로운 시도들을 과대평가하거나 아니면 우리가 당연히 기대해온 새로운 능력을 아예 무시하는 풍토가 있었다. 한편 지구의 대기라는 무한 공간을 탐험의 새로운 영역으로 개척하는 것은 한 세기의 진보로도 별반 달라지지 않은 한계로 남아있다.

기구 여행가인 빈첸초 루나르디Vincenzo Lunardi의 시대에 한 여성이 직접 기구 여행을 한 후에 친구에게 편지를 써 그 소회를 이렇게 밝혔다.

“내가 감히 신의 면전까지 올라갔다는 생각에 그만 무서워지더라.”

이 대목은 당대의 통념을 표현하고 있다. 이런 과장된 감정은 기구 여행의 공인된 위험에(필라드레 드 로지에Pilatre de Rozier가 최근에 프랑스에서 구피의 파열로 추락사했기 때문에) 의해 조장됐거나 환희와 주제넘은 고양감에 경도된 결과였다.

최초의 하늘 여행자들 중에는 지상에서 불과 1만 피트 고도에 올라갔을 뿐인데 막힘없이 펼쳐진 창공의 풍광에 그만 우쭐해져서 인간이 생존할 수 있는 고도가 극히 제한적이라는 사실을 망각하는 이들이 있곤 했다.

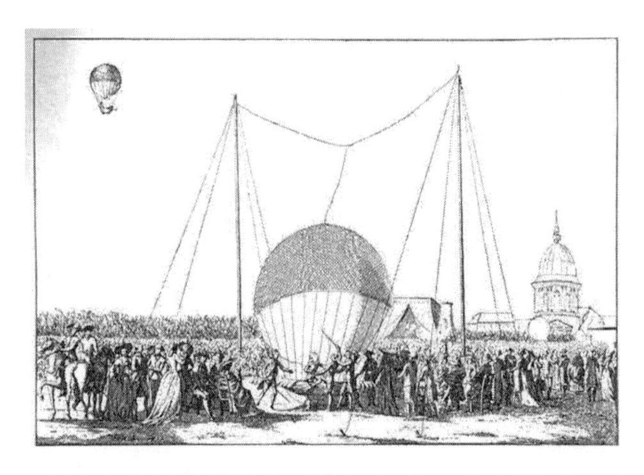

로지에가 시도한 최초의 계류형 기구 비행(1783년 10월 15일) 계류형은 밧줄 등으로 지상에 고정되어 자유형에 비해 안전한 반면 이동의 제약이 있다.

계류형 기구

앙리 지파르(Henri Giffard)의 기구가 승객을 싣고 튈르리 공원(Tuilerie Garden, 1878년) 이륙하기 직전에 있다

파리 상공을 비행하는 앙리 지파르의 기구, 1878년

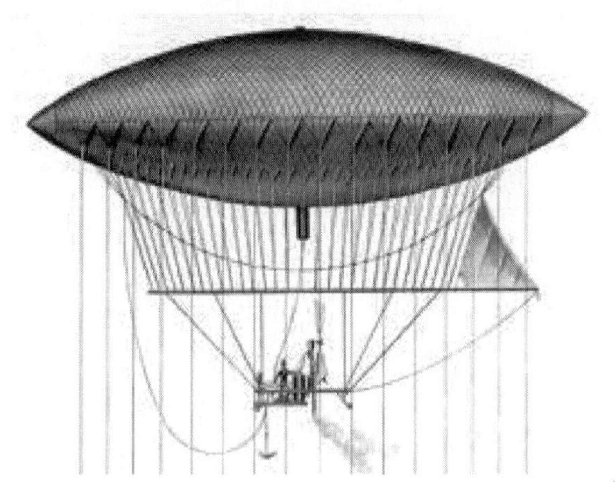

지파르가 고안한 비행선, 1852년 (지파르는 세계 최초의 동력 비행선을 발명했다)

그러나 하늘로 비상하는 과정과 관측자가 자유로이 주변의 현상을 관찰할 수 있다는 점에서 기구보다 더 간단한 방법을 상상하긴 어렵다. 인간은 모든 외부적 조건에 민감하게 반응하고, 압력과 기온 또는 습도의 미세한 변화에도 순종하는 존재다. 이런 인간이 밀폐 가스의 힘으로 편안하게 창공을 향해 비상할 수 있는 것이다. 기구는 가스가 꽉 채워진 상태로 지상에 있는 동안 강풍이 불어온다면 크게 요동친다. 가스 주입 과정에서 조금만 거친 바람이 불어도 거의 통제할 수 없는 상황이 되는 것이다. 이륙 직전은 기구가 인간의 기계적인 통제에 반발하여 가장 강하게 저항하는 시점이다. 즉 위로 솟구치면서 어서 자유롭게 놓아달라는 듯 성마르게 몸부림치기 때문이다.

수직 상승하는 기구에는 고유의 움직임이 있다. 주입된 가스에 작용하는 대기의 상태에 따라 상승하고 하강한다. 이 움직임과 연결선상에 있는 두 번째 동작은 기구를 수직 상승에서 벗어나 수평 전진하게 이끄는데, 이는 기구의 내재적 요인이 아니라 수평 기류라는 외부적인 요인에서 비롯된 것이다. 이는 인간이 통제하지도 예측하지도 못하는 복합적인 움직임이다. 반면에 기구의 내재적이고 단순한 움직임 즉 수직 이동은 우리가 자유로이 다스릴 수 있다.

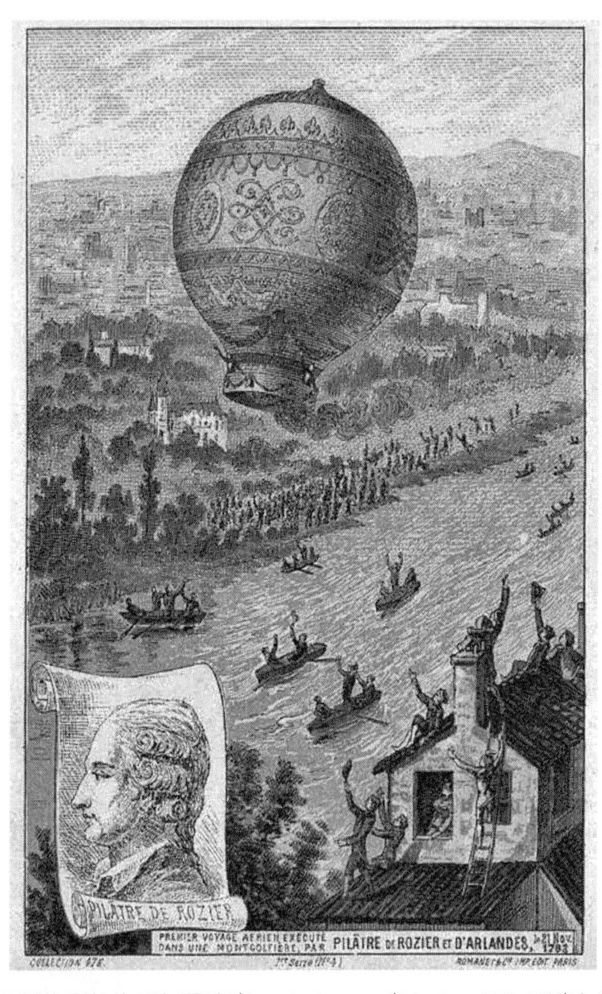

로지에와 푸랑수아 로랑 다를랑드(Francois Laurent d'Arlandes, 1742~1809)가 시도한 최초의 자유형 기구 비행(1783년 11월 21일)

내 생각에 기구가 상승하여 지상에서 멀어지는 동안 탑승자의 극한 공포심은 창공의 환상적인 장면들로 교체된다. 물론 이것은 대체로 나 자신의 개인적인 감정 다시 말해 내가 발아래 세상보다는 머리 위 기계장치의 일부라는 기구 여행자의 독특한 고립감이랄까 하는 감정에 바탕을 두고 하는 말이다. 이런 상황에서 여행자는 주변을 에워싼 구름과 거의 정확히 일치된 움직임을 보이는 기구를 보면서 이 기계적인 불완전함을 잊곤 한다.

기구는 스스로 대기 중에서 평형상태를 유지할 수 있는 고도에 도달하려고 한다. 기구의 상승은 밸브를 통해 방출하는 가스의 양과 밸러스트 비행선이나 기구 비행에서 수직 움직임을 제어하는 수단으로 물이나 모래주머니가 있다. 예를 들어 모래주머니 즉 밸러스트를 기구 밖으로 투하함으로써 고도를 높이거나 밸브를 열어 가열 공기 또는 수소를 기구 밖으로 배출함으로써 고도를 낮춘다-옮긴이 의 무게에 의해 억제되는 반면, 가스의 유지와 밸러스트 감량에 의해 촉진된다. 이것이 바로 기구 조종사가 상승과 하강을 제어하는 방법들이다. 기구의 수명과 성능을 급격히 감소시키지 않으려면 가스 밸브의 사용과 밸러스트의 감량을 자주 하지 않아야한다는 주장도 있긴 하다.

기구의 시대가 오기 전까지는 지리적 영향과 필연적인 노동을 감수하고 산을 오르는 것 외에는 지상에서 단 1마일 상공의 대기 조건을 관측하기 위한 수단이 아예 없었다.

1783년 8월 27일, 자크 샤를과 로베르가 만든 최초의 수소 기구(무인비행)가 프랑스 북부 고네스에 내려온 뒤 공격받고 있다.

비행체를 처음 보고 놀란 고네스 주민 일부가 기구를 악마로 여기고 공격을 가했다고 한다.

그랬기에 자크 알렉산더 세자르 샤를Jacques Alexandre Cesar Charles. 1746~1823과 로베르로베르 형제 중에서 동생인 니콜라스 루이스 로베르Nicolas-Louis Robert. 1760~1820가 최초의 수소 기구 비행에 성공하고 그 여정에서 경험한 사건과 사실들을 기록했을 때(이를 테면 각각의 고도마다 달라지는 대기의 상태와 그들 자신의 감각 변화를 기록했을 때), 자연히 기구를 실용적으로 사용하자는 의견이 잇따랐다.

프랑스의 화학자이자 물리학자인 게이뤼삭Joseph Louis Gay-Lussac이 열기구 사용을 프랑스 정부에 간청하여 23,000피트 고도까지 올라가기 이전, 제네바의 소쉬르Horace Benedict de Saussure는 홀로 15,000피트 고도에서 관측을 실시했다. 차이가 있다면 목적 면에서 소쉬르가 평생 간직해온 개인적인 꿈의 실현이었다는 점, 수단 면에서는 몽블랑 정상을 등정하는 방식이었다는 점이다.

스위스의 자연과학자인 소쉬르 박사의 이 기념비적인 여정이 이루어진 시점은 로베르와 샤를이 파리에서 최초의 수소 기구 비행에 성공한 이후 4년이 지났고 게이뤼삭이 과학의 발전을 위하여 열기구 비행에 오르기 17년 전인 1787년 여름이었다. 날씨는 좋았고 눈은 단단하게 굳어 있었다. 1명의 하인과 18명의 가이드가 소쉬르의 여정을 함께 시작했다.

등정 초반에는 별다른 어려움이나 위험이 없었고 그들의

발자취는 풀과 암석에 차곡차곡 남았다. 6시간의 쉼 없는 등정 이후 그들은 출발지인 샤모니 마을에서 6,000피트 위쪽 해발 9,500피트에 도달해 있었다. 이는 로베르가 기구로 도달한 고도와 동일한 높이인데 소쉬르와 그 일행은 야영 준비를 하고 꼬뜨Cote 산 방하의 가장자리에 친 텐트에서 잠을 청했다.

다음날 정오 그들은 영구동결층으로부터 2,000피트 위에 도달해 있었다. 8시간 등반한 오후 무렵에는 해발 13,300피트에 올라 있었다. 그랑뮬레Les Grands Mulets와 몽블랑 정상 중간에 800피트에서 1,300피트까지 펼쳐져 있는 세 개의 거대한 스텝 지대 중에서 두 번째에 도달한 상황이었다. 두 번 째 산장에서 소쉬르는 비박하기로 결정했다.

가이드들은 눈을 파내 잠잘 공간을 만들었고, 그 바닥에 텐트를 깔고 다시 그 위에 짚을 덮었다. 식수는 얼어버렸고, 그들이 가지고 있던 작은 화로 하나로는 눈을 녹여서 20인분의 물을 공급하기에는 역부족이었다. 날이 밝았을 때 그들은 다시 출발 준비를 했다. 추위가 극심했으나 아침 식사 전에 눈을 녹여서 이후 등정에서 필요한 식수를 확보해두는 것이 급선무였다.

그들은 별 어려움 없이 그랑 플라토Grand Plateau를 횡단 등반했다. 그러나 산소가 희박해지면서 대원들의 폐에 무리가 갔고, 이런 불편함은 매 걸음마다 계속 더해갔다. 기력을 회복할 요량으로 예상보다 휴식 시간을 늘렸지만 그리 도움이 되진 않았다. 그들은 매번 열 걸음 정도 간 후에 숨을 고르느라 멈춰서야 했고, 이렇게 느리고 고되며 불편한 방식으로 정상에 도달했다.

"드디어," 소쉬르는 썼다. "나는 오래토록 염원하던 소망에 닿았다. 고된 등반의 마지막 2시간 동안 금방이라도 코앞에 버티고 있을 것처럼 줄곧 눈앞에 아른거리던 정상에 막상 도착해보니 그리 대단한 반전은 아니었다. 심지어 사람들이 예상할만한 그런 기쁨도 느껴지지 않았다. 내가 받은 가장 예리한 인상은 드디어 고난과 불안이 끝났다는 안도감 같은 것으로 남았다. 그동안 예정보다 길어진 악전고투와 괴로움의 시간들이 정상 정복의 승리감에 불안감을 섞어놓았기 때문이다. 내가 최정상에 발을 디딘 순간에도 기쁨보다는 분노가 더 컸다. 게다가 내 목적은 정상 등정이 아니라 그 여정에 가치를 줄 수 있는 관측과 실험에 있었다. 그런데 나는 그 목적의 일부만 달성할 수밖에 없을 것 같아서 걱정스러웠다. 우리가 잠을 청했던 고원에서부터 나는 이미 깨닫고 있었다. 아무리 조심해서 관측을 한다고 해도 희박해진 공기 속에서는 호흡 곤란 때문에 매우 어렵다는 것을 말이다. 희박해진 공기는 계속해서 호흡을 가쁘게 만들고, 이런 과정은 불안감을 유발한다. 나는 장비 하나를 조작하고 나서 마치 가파른 비탈을 넘은 것처럼 한참을 쉬면서 숨을 헐떡여야 했다."

소쉬르는 관측 활동에 3시간 30분을 들였고 4시간 후에는 일행과 함께 정상에서 하산하기 시작했다. 그들은 하산 과정에서 다시 밤을 보냈는데, 샤모니를 떠난 이후 세 번째 맞는 밤이었다. 소쉬르는 그 밤에 대해 이렇게 썼다.

"우리는 엄청난 식욕으로 즐거이 저녁 식사를 했다. 27년간의 소원을 이룬 진짜 기쁨이 밀려온 건 그때였다. 정상에 도달한 순간에는 진짜 성취감을 느끼지 못했더랬다. 정상을 떠날 때도 마찬가지였다. 그저 정상에서 해야 할 일을 빠뜨린 게 있는지만 생각했다. 그런데 그날 밤의 고요 속에서 피로를 푼 후에 관측 결과들을 검토하는 동안 특히 광활한 정상 등정의 과정을 마음속에 판화로 새기듯 곱씹어 볼 때였다. 나는 그때 몽블랑에서 시도하지 못한 과학 관측을 꼴 뒤 쥐앙Col du Geant, 몽블랑 산군山群에 속하는 거대한 고개로 해발 3,356미터-옮긴이에서는 가능하지 않을까 생각했고, 이 순간 순수한 진짜 기쁨을 맛보았다."

이 걸출한 인물의 명료한 설명은 수직 상승을 위해 기구를 사용할 때를 비교하는 논평으로 이어진다. 분당 몇 피트를 올라가던 간에 신속하고 확실한 상승을 보장하고, 완벽하게 구비한 장비를 사용하여 편안하게 관측실에 앉아있는 것처럼 차분하고 신중하게 관측할 수 있다는 것은 그 자체로 큰 이점이다.

몽블랑 등정 과정에서 꼴 뒤 쥐앙의 소쉬르

오늘의 관측을 내일 반복할 수 있고, 계절 내내 여러 시간대에 수행할 수도 있다. 이런 반복 관측의 중요성은 기상학이든 기타의 어떤 연구 분야든 일회성 관측이 호기심을 충족시키는 것 외에는 얼마나 하찮은 결과를 산출하는지 또 단 하루의 경험으로 과학이 얻을 수 있는 성과가 얼마나 보잘 것 없는지를 고려할 때 분명해진다. 그럼에도 불구하고 몽블랑 등정은 소쉬르 박사의 삶에서 위대한 사건이었음에 틀림없다.

구피 (envelope, 공기주머니)
로드 링
Load Ring
(링 안에 버너가
위치한다)
바스켓

기구의 바스켓기구의 탑승 부분으로 곤돌라, 바구니 등으로도 칭한다-옮긴이에 편안하게 앉아 있는 기구 조종사의 시야는 높은 산 정상에서 바라볼 수 있는 그 어떤 시야보다 훨씬 넓다. 노고 없이도 그런 시야를 얻을 수 있는 반면, 고산 탐험가들의 고생을 보상해주는 웅장한 풍광을 연속으로 만끽하지는 못한다. 그 대신에 하늘 여행자들은 아직 알려져 있지 않은 관측의 다양성을 암시받는다. 지상으로부터 높은 고도에 자리잡은 채 모든 연락이 두절된 기구 조종사에게 지상의 풍광은 왜소하게 작아져 버리고 모든 지역이 발밑에 펼쳐진 커다란 지도처럼 보인다.

그는 고산 여행자보다 생리적 감각의 변화를 살펴보고 기상학 관측을 시도하기에 더 나은 조건에 있다. 지상의 고지대일수록 근육에 가해지는 피로감은 극심해지는 반면, 이런 부담에서 자유로운 기구 조종사는 토양과 기온을 비롯한 지상의 모든 영향에서 벗어나 오로지 대기의 실제 조건을 면밀히 관찰할 수 있다.

기구 조종술의 연대기를 살펴보면서 나는 기구 여행자들이 대체로 소쉬르 박사의 몽블랑 등정보다 더 높은 고도에 오르는데 관심이 없었다는 점, 그 결과 기구 비행의 상당수는 몽블랑의 고도에 미치지 않는다는 걸 발견했다. 대부분의 기구 조종사들은 지상의 풍경이 잘 보이는 높이까지 고도를 유지하려고 노력했다. 또한 기구가 주는 혜택과 이동 방향마다 나타나는 다채로운 풍광을 즐기기에는 지나치게 기구 조종에만 신경을 곤두세우고 몰두하는 것 같았다. 같은 이유로 자신들의 수직 상승 능력을 입증하고픈 바람도 품지 않는 것 같았다.

소쉬르

충분히 높은 고도에서 신뢰할만한 관측 결과를 얻은 예는 거의 없다. 이따금씩 직업적인 기구 조종사들이 대중의 이목을 끌고 지지를 얻어내려는 목적으로 높은 고도까지 비행을 시도하기는 했다. 항상 좋은 날씨를 기대할 수 없는 상황에서 조명 장치를 단 기구로 야간비행에 성공한 인물은

장 피에르 블랑샤르Jean-Pierre Blanchard와 그 뒤를 이어 앙드레 자크 가르느랭Andre-Jacques Garnerin 그 다음으로 최근 작고한 찰스 그린Charles Green이다.

그러나 이들의 비행은 한순간 반향을 일으키고 사라졌을 뿐 일반적인 기록은 물론 기구 역사 어디에도 불멸의 발자취를 남기진 못했다. 샤를과 로베르의 합동 탐험 이후에 이루어진 샤를의 단독 시도가 다른 사례와 비교할만한 가치를 지닌 첫 비행에 속한다. 짐작컨대 샤를의 비행은 같은 날 인간이 일몰을 두 번 목격한 첫 사례이지 싶다.

샤를과 로베르는 1783년 8월 최초의 수소 기구 무인 비행에 성공한데 이어 같은 해 12월 1일에는 팀을 이루어 수소 기구 최초의 유인 비행에 나섰다. 일설에 의하면 이들의 비행을 보기 위하여 40만의 군중이 운집했고, 마침 미국의 외교사절로 파리에 와 있던 벤자민 프랭클린도 이 광경을 지켜봤다고 전해진다.

그들은 1800피트(550미터)까지 올랐다가 하강했는데, 이때 샤를은 로베르를 내려주고 혼자서 다시 단독 비행에 나서기로 결심한다. 일몰이 가까운 시간이었고 수소를 상당량 소비했고 밸러스트를 즉시 확보할 수도 없는 상황이었다. 샤를은 지체하지 않고 기구를 붙잡고 있던 농부들에게 줄을 놓으라는 신호를 보냈다.

초기 기구. 상단 왼쪽부터 라나 기구, 몽골피에 기구, 블랑샤르 기구

하단 왼쪽부터 가르느랭 기구 상승시, 찰스 그린과 로베르 기구, 가르느랭 기구 하강시

1783년 12월 1일, 자크 샤를과 로베르가 수소 기구 비행에 나서고 있다. 몽골피에 형제에 이은 두 번째 유인 기구 비행이자 최초의 유인 수소 기구 비행으로 몽골피에의 최초 열기구 비행에 비해 훨씬 더 오랫동안 비행하고 최초로 대기 관측도 시행했다.

"그렇게 나는 한 마리 새처럼 창공으로 솟구쳤다." 샤를은 그 순간을 이렇게 적고 있다. "20분 만에 1,500트와즈약 2925미터, 1트와즈toises=1.949미터에 도달했고, 지상의 물체는 보이지 않았다. 흐늘흐늘했던 기구의 구피envelope, 기구의 공기주머니로 엔벌로프 또는 기낭이라고도 함-옮긴이가 서서히 부풀었다.

1783년 자크 샤를과 로베르의 기구 비행을 보려고 몰려든 인파의 소동을 그린 프랑스 만화. 담을 넘는 여성들의 치마가 벗겨지자 기구보다는 그쪽에 더 관심을 갖는 사람의 모습을 재미있게 묘사하고 있다.

나는 가끔씩 밸브를 열었지만 기구의 상승은 계속되었다. 대기에 그대로 노출된 상황임을 고려해도 단 10분이라는 짧은 시간 만에 봄의 포근함에서 겨울을 추위 속으로 들어갔다. 살을 에는 추위였으나 못 견딜 정도로 혹독하지는 않았다.

처음에는 기온 변화에서 별다른 불편함을 느끼지 못했다. 그런데 몇 분이 지나자 추위에 손가락이 곱아서 펜을 잡을 수 없었다. 상하 수직 방향으로는 꼼짝도 할 수 없었고 수평 방향으로만 간신히 움직일 수 있었다.

기구의 바스켓 한복판에서 주변의 풍광을 둘러보았다. 이륙했을 때 태양은 계곡으로 지고 있었다. 그런데 이제 보니 태양이 나만을 위해서 솟아 있었다. 태양은 곧 사라졌는데, 이로써 나는 같은 날 일몰을 두 번 보는 기쁨을 누렸다. 몇 초 동안 주위를 에워싼 대기를 보았다. 계곡과 강에서 올라오는 수증기도 보였다. 지상에서 솟아오른 듯한 구름이 층층이 쌓이는데, 여전히 일반적인 형태를 유지한 반면 색은 단조로운 회색을 띠었다. 구름의 색깔은 대기의 빛이 부족한 것이 원인으로 보였다.

달빛만이 구름을 밝혀주었고, 내가 방향을 바꾼 것을 알려준 것도 그 달빛이었다. 나는 곧 방향을 조정할 수 있다고 생각했다. 기쁨 속에서 오른쪽 귀와 턱에 심한 고통을 느꼈다. 아마도 외부의 추위뿐 아니라 귀와 턱의 세포 내에 녹아있던 기체가 확장한 것이 원인인 것 같았다. 나는 조끼 차림이었고 머리에는 아무 것도 쓰고 있지 않았다. 즉시 모직 모자를 썼지만 서서히 하강할 때까지 고통은 사라지지 않았다."

수학자 장 밥티스트 므니에Jean Baptiste Meusnier는 샤를이 도달한 고도에 대해 다양한 방식으로 계산을 한 뒤 9,000피트(약 2,743미터) 이상이라는 결론을 얻었다. 지상에서 이륙할 당시의 기온은 화씨47도(섭씨8.3도)였으나 10분 만에 화씨21도(섭씨 약 6.1도)로 떨어졌다.

자크 샤를

샤를이 하강하여 로베르를 내려준 시점에 원래는 말을 타고 기구의 경로를 쫓아서 20마일을 달려온 오를레앙 공과 몇 명의 프랑스 귀족들을 만나기로 되어 있었다. 당시의 한 소논문은 이때의 비행을 구체적으로 기록하고, 샤를과 로베르가 파리로 돌아오는 길에 체포됐다는 취지의 발문을 포함하고 있다. 이는 왕이 성직자들의 제안에 따라 백성의 생명을 더는 위험에 빠뜨려서는 안 된다는 의미로 내린 명령이었다. 소논문의 저자는 이렇게 덧붙이고 있다. "그러나 이들은 왕의 큰 은전을 입어서 조만간 석방될 것으로 보인다."

샤를이 올라간 고도는 상당히 높았을 것으로 추정됐다. 전에 없던 기록이었는데, 수소 기구에 관한 이 첫 번째 논문은 즉각 대중의 지지와 관심을 일으켰다. 이로부터 22개월 후에 등반으로 동일한 고도에 오른 소쉬르는 실패 속에서도 값진 기압 관측을 했고 유럽에서 그 어떤 여행자보다 높은 고도에 올랐다며 스스로를 위안했다. 이때 그는 몽블랑 등정을 시도하고 있었다. 그러나 정상까지의 루트가 아직 개척되지 않은 상황이어서 하루의 등반 이후 그의 일행은 하산할 수밖에 없었다. 9,000피트 고도에서 산악인들을 위해 지어놓은 투박한 오두막에 하룻밤의 여장을 푼 소쉬르는 그 등반의 첫 소회에 잠겼다.

오두막 안에는 2개의 매트리스가 전부였고, 양산을 펼쳐서 입구를 막아놓은 것이 문을 대신했다. 소쉬르는 이렇게 소회를 밝혔다.

"밤이 다가올수록 하늘은 더없이 깨끗하고 구름 한 점 없다. 아주 밝지만 반짝이지는 않는 별들이 산 정상에 옅은 빛을 드리웠다. 정상의 크기와 그곳까지의 거리를 또렷하게 가늠할 정도로는 밝았다. 그 광대한 공간을 휘감은 평온과 쥐죽은 듯한 침묵은 상상력에 의해 더욱 강렬해지더니 결국 공포에 가까운 감정을 일으켰다. 마치 이 세상에 나 혼자 살아남아서 세상의 주검을 내려다보고 있는 기분이랄까. 깜박 잠이 들었는데, 생각이 너무도 명료하고 평화로워서 잠드는 것이 애석할 정도였다. 입구에 양산을 놓기 전에는 침대에서 눈과 얼음, 오두막 아래의 바위들과 달을 볼 수 있었다. 달빛이 비춘 풍광은 더없이 독특한 분위기를 자아냈다."

소쉬르와 함께 오두막에 묵은 일행 중에서 일부는 희박한 산소로 인해 몹시 괴로워했고 아무 것도 먹지 못하고 있었다. 다음날 아침 1시간의 등정 끝에 그들은 발길을 돌려야 했다. 눈은 푹신푹신했고, 유빙과 얼음 덩어리들은 발을 디디기엔 믿음이 가지 않았다. 소쉬르는 내키지 않았지만 등정을 포기했다. 그의 시도는 몽블랑 정상으로 가는 루트가 개척되기 전에 이루어진 마지막 등정이기도 했다.

등반이든 기구든 지면을 떠나 더 높은 곳으로 향하는 여행자들은 인내력을 시험하는 두 가지의 필연적인 조건에 맞닥뜨린다. 하나는 고도가 높아질수록 점진적인 열의 손실이고 다른 하나는 산소의 희박함이다. 이런 조건들이 미치는 영향은 아마도 개인마다 다를 터다. 다만 체력 소모와 피로라는 부담으로부터 비교적 자유로운 기구 여행자들에게 좀 더 동일한 영향이 나타난다는 것은 확실하다. 반면에 기구 조종사가 1시간이면 도달할 수 있는 고도까지 오르기 위해서 이틀 동안 계속해서 분투해야 하고 그나마 체력이 뛰어나야만 성공할 수 있는 산악인들의 경우에는 개인차가 크다.

몽블랑 정상에 오르고자 했던 사람 중에서 상당수가 체력 소모를 감당할 수 없어서 실패했다. 그래서 더 높은 고도에서 접하는 혹독한 시련은 주로 체력 소모를 극복할 수 있는 평균 이상의 신체 조건과 등반에 앞서 강도 높은 훈련을 지속적으로 받아온 사람들만이 경험한다. 그러나 기구 조종사들은 별다른 준비 없이 탐험에 나서고, 체력에 상관없이 고도에 도달한다. 아마도 이런 이유 때문에 기구 항해자들은 같은 조건처럼 보이는 고도에 있으면서도 똑같은 결과를 보여주지 않는 것 같다.

기구 비행은 호된 비난의 대상이 되기도 하는데, 다른 사람보다 더 대단한 경험을 쌓고 싶은 개인적인 허영심에서 비롯됐다는 질타가 특히 그렇다. 내가 지금까지 열거한 기구 역사를 옹호할 수밖에 없는 입장인 건 유감이다. 그러나 영국, 이탈리아, 프랑스에서 이루어진 중요한 기구 여행을 포함하여 1783년부터 1835년까지의 관련 자료들을 살펴본 나는 전반적으로 글쓴이들이 솔직한 경험을 쓰고 그들의 인상을 제대로 기록했다는 믿음을 갖게 됐다.

직업적인 기구 조종사들은 때때로 과장의 책임을 피하기 어렵지만, 생애 딱 한번 비행에 나선 초보자들의 묘사는 꽤나 신빙성이 높다. 기압 감소와 생경한 환경은 난생 처음 날아오른 개인에게 엄청난 영향을 준다.

나는 보통 불편함을 야기하는 고도까지 아무런 이상 없이 심지어 손과 얼굴의 변색조차 없이 올라갔고 이후에는 점점 희박해지는 공기에 적응하여 4마일 고도에서도 불편 없이 호흡할 수 있었다. 그래서 기구의 과학적 이용에서 인간의 적응력이 매우 중요한 시사점임을 단언할 수 있다. 희박한 공기 속에서 내가 호흡 곤란을 경험한 고도는 6~7마일이었다. 시험을 거듭할수록 호흡 가능한 고도도 높아질 것이고, 고도를 높일 수 있는 장비들도 계속 고안될 것이다. 한계는 분명히 존재하지만 현재의 한계는 극복가능하다고 나는 기탄없이 말하겠다.

지상의 여행자들에게 기온이 떨어지고 공기가 희박해지는 문제는 대기의 영향이라기보다 대지의 그것에 가깝다. 매 걸음을 지상에 꾹꾹 디디고 지상의 가장 높은 고점까지 도달하는 여정에서 관측을 할 때 지상의 영향을 완전히 제거

할 수 없다. 또는 구름의 양과 정도를 복합적으로 고려한 기온의 점진적인 하락을 감지하거나 반복적인 관측을 통하여 구름층이 지상의 복사열을 가두는 방열막 역할을 하는 상황까지 계측하기는 녹록치 않다. 날씨는 좋지만 구름 낀 조건에서 산을 오르는 경우 기온의 변동을 제대로 포착할 수 없다. 뿐만 아니라 고도가 높아질수록 기온이 떨어진다는 법칙을 간섭하는 지엽적인 요인들이 전혀 없다고 가정한다고 해도 구름이 없는 조건에서 등정한 다른 사례들과 비교하는 것도 사실상 불가능하다. 이게 가능한 경우는 기구 비행뿐이다.

일반적으로 지상에서 산을 오를 때의 체력소모는 고도가 높아지면서 희박해진 공기로 인해 고통을 유발한다. 반면에 이 똑같은 고도에서 기구 조종사는 불편함이 아예 없거나 약간만 있는 정도로 편안하게 머문다. 그 결과 샤를이 얼굴 근육의 경미한 통증과 귀의 불편함 정도만 느꼈다는 동일한 고도에서 소쉬르의 친구인 부레Bouret는 너무 큰 고통을 느낀 나머지 하산할 수밖에 없었다.

내 경우에는 3마일 고도에서 아무런 불쾌감이나 불편함을 느껴본 적이 없다. 반면에 몽블랑 등정의 경우에는 13,000 피트 높이에서 상당한 불편함과 심각한 고통이 있었을 것이다. 다만 앞에서 언급했듯이 이 높이까지 오른 것은 이틀간의 계속된 등정 결과였다.

요제프 하멜

이 비슷한 높이에서 그랑 플라토를 지난 독일계 러시아 과학자 요제프 하멜Joseph Hamel박사와 그 일행은 계속되는 호흡 곤란의 어려움을 겪었다고 토로했다. 그러나 그들은 눈사태에 놀라 정상까지 가지 않고 하산했다. 이 눈사태는 깜짝 놀란 3명의 가이드로 하여금 몽 모디Mont Maudit, 몽블랑 산군에 속하고 해발 4465미터의 비탈에 나 있던 크레바스빙하나 눈 골짜기에 생긴 깊은 균열-옮긴이의 섬뜩한 깊이 속으로 뛰어들게 만들었다. 이 위험한 시도는 금세기 초반에 이루어졌는데, 하멜 박사는 러시아 황제의 지시에 따라 특별한 관측을 해야 한다는 조바심 속에서 등정에 나섰던 것이다.

몽 모디

크레바스

훗날 프랜시스 탈퍼드 경Sir Francis Talfourd과 그의 아들이 포함된 일행이 이 똑같은 지점을 지나갔다. 추위와 낮아진 기압의 영향은 다른 여러 출판물에서 명확하게 설명된다. 프랜시스 경은 이렇게 적었다.

"우리는 전방의 깎아 지르는 경사를 뒤덮고 있는 기다란 눈 비탈을 일렬로 올랐다. 극한 피로감이 서서히 뼛속으로 전해져올 뿐이지 우리의 노역이나 고통은 달라지지 않았다. 자연은 강자와 약자를 갈라놓기 시작했고, 행렬의 연속선은 허물어진 채 군데군데 몇 사람씩 모여서 가는 형태가 되었다. 희박한 대기도 우리에게 영향을 미치기 시작했고, 그로 인한 이상증세는 각자의 운동 능력에 비해 고른 영향을 미쳐서 한동안 우리는 거의 비슷한 몸 상태를 보였다. 일행 중에서 한 명이 심한 구토와 두통을 경험했고, 점점 몸에서 힘이 빠지는 괴로움을 느끼던 나는 어느 순간부터 입에서 피 냄새가 나는 것 같기도 하고 피 맛이 느껴지는 것 같았다. 금방이라도 코피가 쏟아질 것만 같았다. 그렇게 우리는 산의 최정상 한복판에 있는 기다란 설원 즉 그랑 플라토에 도달했다."

한계를 계속 깨뜨리며 비상하는 방법을 발견해온 기구 조종사들은 아마도 고산 등반가들보다는 추위를 고통스럽게 경험하지는 않았을 터다. 내가 도달한 가장 높은 고도에서 최저 기온은 영하 24.5도였다. 추위는 강했으나 그리 심각한 고통을 느끼지는 않았고 그로 인해 경험한 괴로움도 그리 대단한 건 아니었다. 날려 보낸 5마리의 비둘기 중에서 죽은 것은 단 1마리뿐이었다.

전문가들은 추위가 아무리 강해도 바람이 없다면 견딜 수 있다는데 대체로 동의하고 있다. 반면에 적당한 추위라도 미풍이 불거나 공기의 움직임이 약간만 있어도 우리의 체감온도는 큰 폭으로 떨어진다. 늘 바람과 함께 여행하기에 그것을 느끼지 않고 공기를 가르며 특급열차의 속력으로 창공을 질주하면서도 그것을 온전히 체감하지 않는 기구 여행자들은 별다른 인내력을 발휘하지 않고도 추위를 견딜 수 있다. 기구 여행자들이 움직임의 제약과 건조한 동시에 습한 추위의 변화무쌍함에 그대로 노출될 수밖에 없는 운명이지만 이런 극한의 조건들은 모피와 따뜻한 옷 등의 적절한 예방책으로 극복가능하다. 뿐만 아니라 여행하는 동안 대기의 변화에 충분한 대비책을 마련할 수도 있다.

샤를 마틴은 논문 「온도에 따른 추위와 생리적 추위의 상관관계」를 통하여 평지와 산에서 나타나는 인간의 감각과 생리적 주제로서 추위 문제를 훌륭하게 다루고 있다.

"추위로 동사한 사람 중에서 혼자뿐인 여행자나 상인을 떠올려 보자. 그는 발레에서 피에몬테까지 또는 프랑스에서 스페인까지 이르는 만년설로 덮인 한 산골짜기를 건너려고 한다. 계절은 겨울 아니면 봄의 초입이거나 가을의 끝이다.

여정은 길고 시간은 불확실하다. 여행자는 이 지역의 지리에 밝지 못하다.

그는 일단 출발하고 본다. 하늘을 가득 메운 구름이 갈수록 조금씩 낮게 깔리고, 여행자는 짙은 안개에 휩싸인다. 그는 앞서갔던 사람들의 발자취를 따라 눈 속을 걷는다. 그러나 이내 종잡을 수 없는 또 다른 자취들이 나타나기도 하고 얼마 전에 내린 눈이 표시를 모조리 지워버리기도 한다. 여행자는 발걸음을 멈추고 주춤한다. 얼마간 발길을 되돌려 보기도 하고 때로는 오른쪽 때로는 왼쪽으로 방향을 틀기도 한다. 그래도 변함없는 목표는 정상으로 가는 것이다. 짙은 안개와 연무 속에서 앞을 보기 힘들다. 평지에 흩어지는 눈발이 아니라 마른 우박 같은 알갱이다. 바람에 날린 눈송이가 나름 중무장한 두터운 겨울옷을 파고들어 살갗을 때린다. 사정없이 얼굴까지 후려치는 눈은 갈팡질팡 정신을 사납게 하더니 이내 현기증을 일으킨다.

불안하고 고달픈 이 가여운 여행자는 한치 앞을 볼 수 없는 상황에서 잠을 자고 싶다는 충동을 뿌리칠 수 없다. 잠들면 죽는다는 것을 그도 잘 안다. 그러나 길 잃은 절망 속에서 어느 바위를 찾은 그는 그냥 다시는 일어설 수 없는 잠 속으로 스스로를 포기해버린다. 혼수상태에 빠진 것처럼 그의 맥박은 점점 느려지고 죽음이 아사와 비슷한 동사의 형태로 그에게 찾아든다. 이 순간 유일한 생존 수단은 정신력이다. 있는 힘을 다해 잠과 싸워야 하고 걸어야 한다. 몸을 움직임으로써 추위로부터 자신을 지켜내야 한다."

"1786년 8월 의사인 미셸 파카르와 함께 몽블랑 정상 등정에 최초로 성공한 자크 발마는 이것을 잘 알고 있었다." 마틴의 논문은 계속된다.

"그는 몽블랑 등정에 성공하기 이전 그랑 플라토에 홀로 남겨진 적이 있었다. 밤의 어둠이 순식간에 그를 덮쳤다. 정상으로 올라가는 건 불가능했다. 어둠 속에서 하산하는 것도 불가능했다. 그는 현재의 위치를 고수하되 주변의 눈 위를 계속 걸어 다니면서 아침까지 버텼다."

자크 발마

자크 발마는 샤모니 토박이였다. 짐작컨대 등반 당시 동료들 사이에서 인심을 잃었던 그는 도중에 이탈했지만 아무도 신경을 쓰지 않았던 모양이다. 일행이 돌아가기로 결정했을 때 발마가 보이지 않았다. 그들은 그의 존재를 까먹었는지 아니면 그를 놔두고 그냥 하산하기로 했는지는 모르겠지만 어쨌든 그들만 귀환했다.

발마는 자신이 해발 14,000피트에 그것도 눈보라 속에 음식도 변변한 방한복도 없이 홀로 남겨진 것을 깨달았다. 혹한에 정신이 혼미해져갔고, 팔다리는 고된 움직임으로 감각을 잃어갔다. 이 불운한 남자는 그 끔찍한 밤을 용케 버텨냈다.

날이 밝자 그는 몸 상태를 확인했다. 발은 심한 동상에 걸렸고 감각도 전혀 없었다. 그래도 그는 마비된 사지로 전인미답의 몽블랑 정상에 올랐다. 그를 버리고 간 동료들은 그가 홀로 거둔 위업을 인정하지 않았다. 그는 혼자서 아무도 밟아본 적 없는 설원을 가로질렀고, 그 누구의 접근도 허락하지 않았던 빙벽을 올랐다. 그가 그렇게 정상까지 닿은 경로는 지금도 별다른 수정 없이 이용되는 루트로 남아있다.

그날 밤 마을로 돌아온 그는 탈진된 몸과 꺼져가는 생명을 샤모니의 의사였던 파카르 박사에게 맡겼다. 그는 몇 주간의 병상에서 회복한 뒤 파카르에 대한 고마움에 보답하고

자 몽블랑 등정의 비밀을 알려주었다. 완전히 회복한 발마와 그를 치료해준 파카르는 동반 등정에 나섰다.

그들은 등정에 성공하고 기쁨 속에서 당시 제네바에 있던 소쉬르에게 편지를 보냈다. 소쉬르는 지체 없이 가이드와 운반인들을 모집하고 등정 준비에 돌입했다. 그렇게 우리가 앞에서 살펴본 소쉬르의 유명한 등정이 이루어졌고, 당시 자크 발마는 소쉬르 등반대에서 가이드의 우두머리를 맡았다. 아무튼 높은 고도에서 홀로 맞닥뜨린 밤의 어둠과 혹독한 추위를 이겨내고 생환했던 발마의 정신력은 높이 살만한다.

최초의 몽블랑 정상 등정이 자크 발마의 단독 성공인지를 놓고 논란이 일다가 동반 등정이 인정된 미셸 가브리엘 파카르

샤

모니에 있는 소쉬르와 자크 발마의 기림상

소쉬르 몽블랑 등정 1785년

소쉬르 몽블랑 등정 1787년 (1)

소쉬르 몽블랑 등정 1787년 (2)

아주 급격한 하강은 피할 수 없는 불안감을 야기한다. 로베르가 9,000피트 상공에서 심각한 고통과 불편을 경험한 이유도 아마 이 때문일 것이다. 다음해 샤를과 로베르는 14,000피트 고도까지 올라갔다. 1784년 3월에는 프랑스의 유명한 기구 조종사인 장 피에르 블랑샤르가 파리에서 자신의 첫 비행에 나섰다. 그는 구름보다 높은 9,600피트까지 올라갔다. 샤를과 로베르, 블랑샤르 두 경우 모두 불편함을 경험했다는 언급은 없다.

모르보와 베르트랑은 1784년 4월 디종에서 이륙하여 13,000피트까지 올라갔고 25분 동안 18마일을 이동했다. 기온은 영하 4도까지 떨어졌다. 1784년 6월에는 플뢰랑 Fleurant와 엘리사벳 시블 Elisabeth Thible, 기록상 자유형 열기구로 비행한 최초의 여성-옮긴이 부인이 "구스타브"라는 대형 열기구를 타고 스웨덴 왕 앞에서 리옹을 출발했다. 그들은 8,500피트까지 도달했고 45분 동안 이동거리는 불과 2마일에 그쳤다.

리티시어 앤 세이지 Letitia Ann Sage 부인은 조지 비긴과 함께 루나르디의 기구를 타고 런던에서 이륙했다. 안전상 무릎을 꿇고 바스켓의 그물을 꼭 붙잡고 있던 세이지 부인이 기압계를 망가뜨리는 바람에 어느 고도까지 올라갔는지 측정하지 못했다. 그러나 상당한 높이였을 것으로 추정된다.

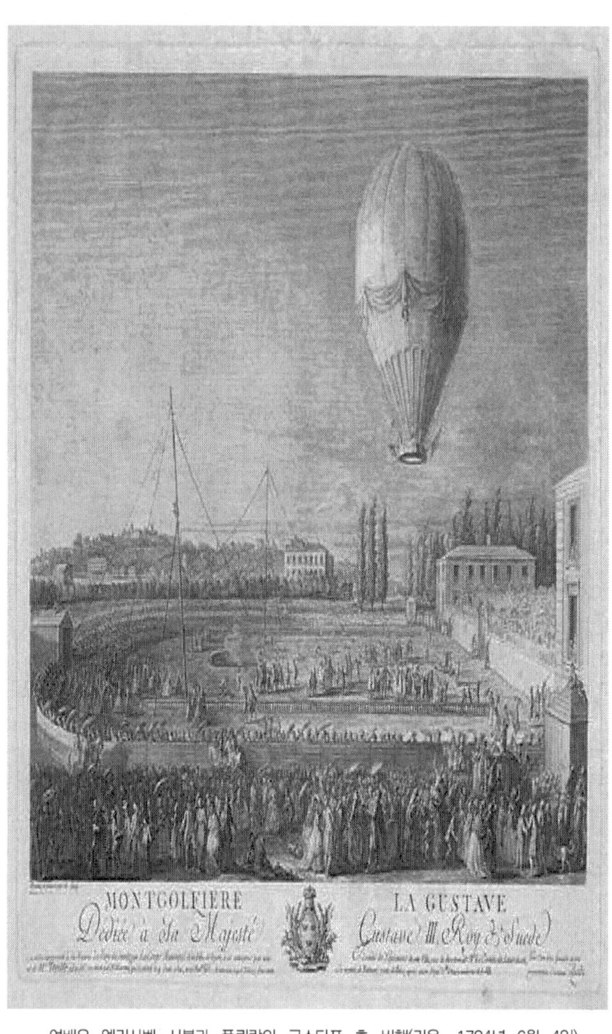

여배우 엘리사벳 시블과 플뢰랑의 구스타프 호 비행(리용, 1784년 6월 4일)

MRS SAGE
The first English Female Aerial Traveller, who ascended
with Mr. BIGGIN, in Mr. LUNARDI'S Balloon, from St. George's
Fields June 29th 1785; at 25 Minutes after one o'Clock, and de-
scended a few Miles beyond Harrow in Middlesex, at three
o'Clock, after traversing upwards of Thirty Miles in the
Atmosphere.

리티시어 앤 세이지

루나르디 기구의 조지 비긴과 세이지 부인, 줄리어스 이벳슨(Julius Caesar Ibbetson, 1785)작

루나르디 기구의 조지 비긴과 세이지 부인(앞에 앉아있는 여성). 존 프랜시스 리고(John Francis Rigaud) 작

1784년 7월 로베르는 오를레앙 공을 포함하는 일행과 함께 파리에서 비행에 나섰다. 수소 기구의 구피 안에 그보다 작은 (보통 공기로 채워진) 구피가 하나 들어가 있는 구조였다. 그들은 5,100피트까지 올라갔는데 회오리 또는 회전기류와 심각한 충돌이 일어났다. 가스가 팽창했다. 밸브가 없는 구조였고, 내부 구피가 외부 구피의 입구 쪽을 막는 바람에 가스 배출이 불가능했다. 진퇴양난의 상황에서 그들은 회전기류를 이용하여 외부 구피를 찢기로 결정했다. 오를레앙 공이 직접 구피에 길이 7~8인치 가량의 구멍 두 개를 냈다. 그 틈으로 다량의 가스가 배출되었고 그들은 엄청난 속도로 하강했지만 다행히 다친 사람은 없었다.

1784년 9월 빈첸초 루나르디가 작은 온도계 하나를 가지고 비행했다. 그는 그리 높은 고도까지 올라가지는 못했다. 1785년 1월에는 블랑샤르와 제프리스가 수소 기구로 도버에서 칼레까지 해협을 횡단했다. 가스 자체의 결함인지 아니면 가스의 양에 문제가 있었는지는 모르겠으나 (공기의 희박함은 전혀 문제가 아니었다) 그들은 해상에서 일정한 고도를 유지하는데 큰 어려움을 겪었다. 바스켓의 모든 것을 버려야했는데 심지어 입고 있던 옷을 벗어서 바다로 던져버려야 했다. 그러나 육지가 가까워질수록 기구가 상승하더니 큰 호를 그리며 칼레 인근의 고지대로 향해갔다. 그들은 마침내 인근 숲에 착륙했다.

1785년 영국해협을 횡단하는 블랑샤르와 제프리스

1785년 7월 22일 루나르디는 리버풀에서 이륙했다. 기구의 가스 주입 과정이 지루하여 구경하던 관중이 인내심을 잃자 그는 작업이 제대로 마무리되지 않은 상태에서 출발했다. 그 결과 상승 동력이 부족하다는 걸 발견했고 밸러스트는 아예 적재되어 있지 않았다. 겨우 평정을 되찾은 그는 바다 쪽으로 조심조심 방향을 잡아갔다.

그런데 상승하여 다른 기류를 타려면 밸러스트를 방출해야 하는데 말했듯이 밸러스트가 없었다. 바다 상공에 떠 있는 동안 그는 자신의 몸무게를 줄이려고 모자를 벗어 바다로 던졌다. 그 순간 기구가 올라갔고 온도는 내려갔다. 10도의 기온에서 기구가 구름 속으로 진입했을 때 루나르디는 사방으로 퍼붓는 눈발을 보면서 깜짝 놀랐다.

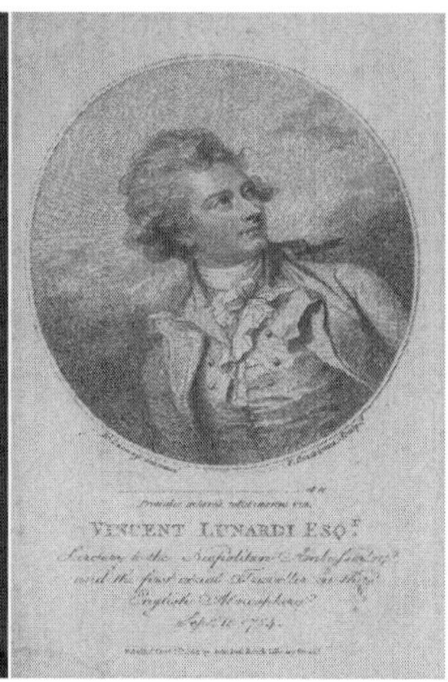

루나르디의 기구에 가스를 주입했던 장비 빈첸초 루나르디 초상(1784년)

비행 직전의 루나르디(1785년)

루나르디의 신형 기구(1785년 5월 13일)

더 높이 올라가고 싶었던 그는 깃발을 버린데 이어서 외투를 벗어서 역시 바스켓 밖으로 내던졌다. 그는 곧 위풍당당하게 상승하여 육지 쪽으로 향했다. 10분 후에 그는 뇌운(雷雲)과 폭풍의 징후를 감지했다. 그 주변에서 벗어나기 위하여 이번에는 조끼를 버렸다. 기온은 0도로 떨어졌고, 5분 후에는 영하 2.8도로 계속 떨어졌다. 눈이 기구 꼭대기에서 녹더니 물의 형태로 흘러내렸다. 그것은 더 차가운 기온에서 얼어붙었고, 기구의 목 부분을 빙 둘러서 고드름처럼 매달렸다. 그는 흔들어서 1파운드 가량의 고드름을 떼어냈는데, 그 고드름이 바스켓으로 떨어졌다. 그는 그것을 신이 준 밸러스트라고 생각했다.

기온은 영하 3.3도로 떨어졌다. 그 시점부터 그는 하강하기 시작했다. 그때가 6시 57분이었고, 그로부터 6분후에 그는 리버풀에서 12마일 가량 떨어진 어느 옥수수 밭에 무사히 착륙했다. 이 대목에서 우리는 적절한 양의 밸러스트를 반드시 기구에 적재해야하고, 이륙 전에 기구와 주변 대기 사이에 세밀한 균형을 이뤄야한다는, 실용적인 시사점을 얻는다.

다음달, 필라드레 드 로지에와 로맹은 블로뉴에서 마지막 운명적인 여정에 나섰다. 그 기구는 합성체로서 수소 구피 밑에 작은 열기구 구피 하나가 추가로 부착된 형태였다. 그런데 한쪽 구피가 다른 쪽 구피에 불을 붙이는 바람에 조종사들은 지상으로 추락해 사망하고 말았다.

조제프 미셸 몽골피에와 필라드레 드 로지에를 포함하여 7명이 탑승한 플레셀(Le Flesselles) 호. 1784년 1월 19일 프랑스 리옹

로지에와 피에르 로맹의 비행(1785년 6월 15일)

필라드레 드 로지에

로지에와 피에르 로맹의 기구 사고(1785년 6월 15일)

19세기 초 앙드레 자크 가르느랭은 자신의 이름을 기구 역사에 깊이 새겨 넣고 블랑샤르의 이름을 대체했다. 그가 기억되는 가장 큰 이유는 조명 장치를 단 기구로 성공한 야간비행 때문이다. 1802년 7월 5일 가르느랭이 메릴본에서 출발했을 때 바람이 거셌음에도 불구하고 그는 7,800피트까지 올라간 후 에핑 포레스트 인근 칭포드에 착륙했다. 기구 조종사로서 그의 명성은 대단했고, 당시 그의 인기는 흥분에 휩싸여 그의 비상을 지켜봤던 대도시 사람들 사이에서 절정에 달해 있었다. 이때가 유럽에서 그가 시도한 27번째 비행이었다.

가르느랭과 그의 아내로 여성 최초로 낙하산 하강에 성공한 잔 주느비에브 가르느랭 (Jeanne Genevieve Garnerin)

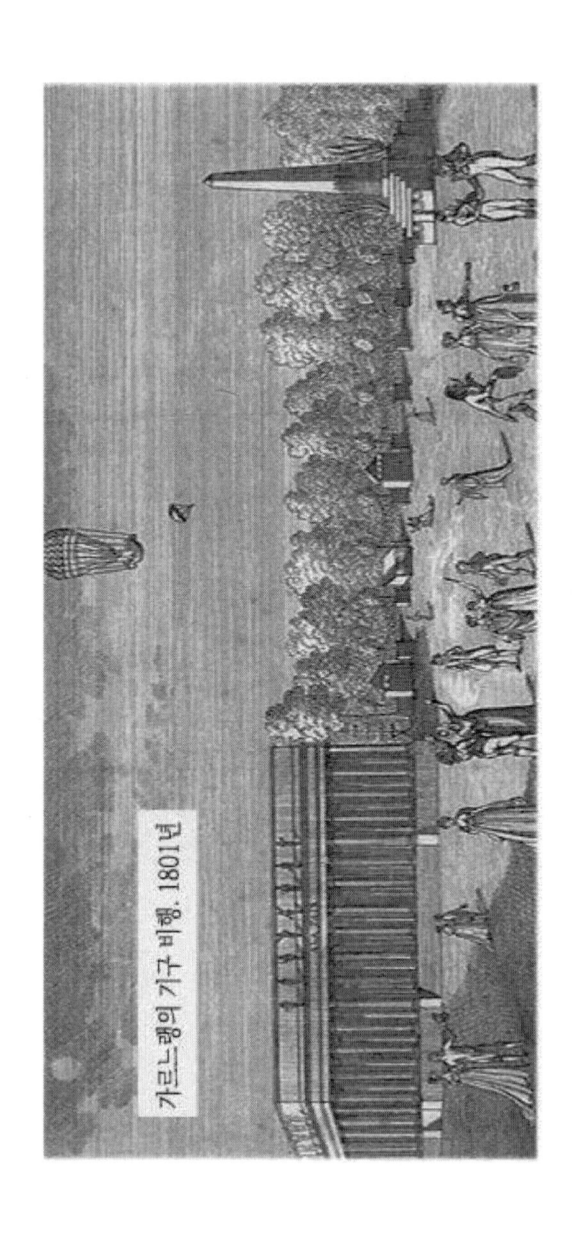

가르느랭의 기구 비행, 1801년

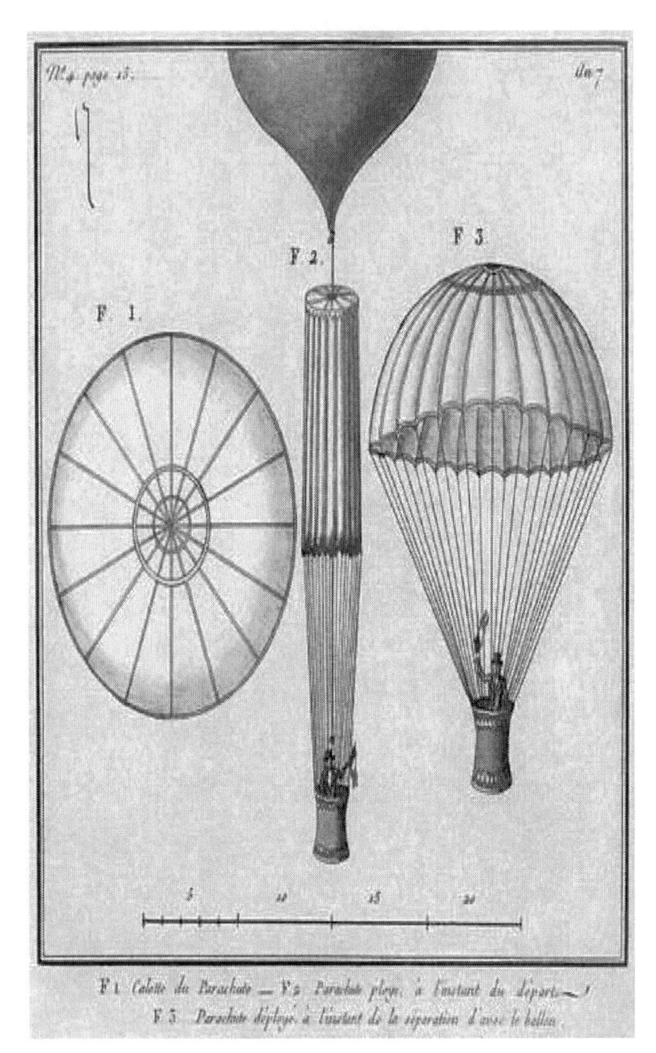

가르느랭의 첫 낙하산 디자인(1797년)

가르느랭의 낙하산 하강

프랑스의 여성 기구 조종사이자 가르느랭의 아내, 잔 주느비에브 가르느랭의 비행을 지켜보는 사람들

1804년 벨기에의 저명한 물리학자이자 마술사, 기구 조종사인 에티엥 가스파르 로베르Etienne-Gaspard Robert (무대에선 종종 로버트슨이라는 예명을 사용하기도 한) 교수가 학술회원인 사카로프Sacharof와 팀을 이루어 상트페테르부르크에서 비행에 나섰다. 이것은 러시아 학술원의 요청에 따라 이루어진 순수한 과학 탐사였다. 이 비행의 목적은 대기의 물리적인 상태를 확인하고 다양한 고도에서 각각의 대기 성분을 알아내는데 있었다. 또한 소쉬르, 훔볼트 등이 (지상의 영향에서 완전히 자유로울 수 없는) 산에서 측정한 관측 값과 공중에서의 그것을 비교하고 차이를 알아내는 것도 포함되

었다.

로버트슨의 마술환등(phantasmagoria) 1797년 파리

이밖에도 학술원이 지상에서 멀리 떨어진 창공에서 시도하길 원했던 실험 중에는 다음과 같은 것들이 포함되어 있었다. 액체의 증발 변화율, 자력의 증감, 자침의 복각, 태양 광선의 세기 증가 수준, 분광기에 의해 만들어진 색의 불투명도 증가 여부, 전자 물질의 존재 여부, 공기의 희박함이 인간의 신체에 미치는 영향과 변화 관찰, 조류 날려 보내기, 기압계 1인치(수은주 인치In Hg, 이하 기압계의 수은주 인치를 인치로 표기함-옮긴이) 하락 구간마다 기체용 플라스크에 공기 채워오기, 기타 화학 및 물리 실험.

로버트슨이 고안한 "미네르바" 기구

이는 모든 탐험가들이 과학을 대신하여 증명해 주기를 요청받는 질문들이다. 로베르의 경우, 다른 모든 조종사들이 그렇듯이 기구의 나선형 움직임에 큰 어려움을 겪었고, 요동치는 측정바늘 때문에 제대로 된 관측이 거의 불가능했다. 기압계가 27인치를 가리키는 고도에서 로베르와 스카로프는 귀가 멍멍한 느낌 외에 별다른 신체적 이상을 느끼지 않았고, 23인치 지점에서는 지상의 조건과 거의 동일했다. 22인치 고도에서 그들은 안개에 에워싸였고 지상은 고성능 망원경으로도 꿰뚫어볼 수 없을 정도의 짙은 연기로 뒤덮인 것처럼 보였다.

밸러스트를 방출하고 기구의 바스켓에서 없앨 수 있는 모든 것을 버린 후에 그들은 따뜻한 외투를 둘둘 말아서 그 속에 장비들을 집어넣었다. 이렇게 옷으로 감싼 장비들을 닻과 함께 밑으로 늘어뜨렸다. 이 절차는 거친 착륙 과정에서 있을지 모르는 파손에 대비하기 위함이었다. 이렇게 무게를 줄인 기구는 곧바로 솟구쳐 올랐으나 닻줄의 끝까지 도달한 후에는 이내 안전하고 부드러운 착륙을 시작했다. 옷 꾸러미에 감싸인 채 지표면을 따라 거칠게 끌려가던 장비들은 기대를 저버리고 파손되거나 망가졌다.

이 항해자들은 다양하고 세밀한 관측을 시도했고, 그들이 비행 중에 목격한 모든 것을 훌륭하게 기록했다. 그러나 기구의 바스켓에서 장비들을 사용하기가 쉽지 않았기에 그들의 관측 결과들은 다음 탐사에서 증명할 필요가 있었다. 그러나 그 기회는 안개와 구름으로 인해 무의로 끝났고, 기구의 관리와 운용이 실상 얼마나 어려운 가를 새삼 절감하는 계기가 되었다. 결과적으로 그들의 관측 성과들은 무의미해졌다. 가치 있는 결과에 도달하기 위해서는 체계적인 시스

템과 기구 비행의 반복적인 시도가 필수적임이 분명해졌다.

표준 대기압

(기압계의 수은주 인치 값으로 고도를 나타냄)

수은주인치(In HG)	해발고도(피트)
29.92 In Hg	0 ft
28.86 In Hg	1,000 ft
27.82 In Hg	2,000 ft
26.55 In Hg	3,281 ft
24.90 In Hg	5,000 ft
23.48 In Hg	6,562 ft
20.58 In Hg	10,000 ft
15.96 In Hg	16,404 ft
13.75 In Hg	20,000 ft
11.12 In Hg	25,000 ft
9.68 In Hg	29,029 ft
7.81 In Hg	32,808 ft
3.44 In Hg	50,000 ft
1.63 In Hg	65,617 ft

1803년 10월 7일, 이탈리아 로마 출신의 선구적인 비행사인 프란체스코 잠베카리 백작Count Francesco Zambeccari을 비롯하여 가에타노 그라사티Gaetano Grassati 박사, 이탈리아 안코나 출신의 파스칼 안드레올리Pascal Andreoli 이렇게 3명은 볼로냐를 출발하는 야간 비행에 나섰다. 그들은 관측을 위해서 여러 장비와 랜턴을 가져갔다. 기구는 엄청난 속도로 상승했고, 곧 잠베카리 백작과 그라사티 박사가 정신을 잃고 말았다. 반면 안드레올리는 정신을 차리고 있었다. 오전 2시경 그들은 아드리아 해의 파도를 향해 하강하고 있음을 깨달았다.

랜턴은 꺼졌다. 랜턴의 불을 켜는 건 여간 어려운 일이 아니었다. 기구는 급강하를 계속했고, 예상대로 바다에 떨어졌다. 흠뻑 젖은 채 그들은 다시 상승할 때까지 밸러스트를 방출했다. 연속으로 3개의 구름대를 지났고 그 과정에서 그들의 옷은 온통 서리로 뒤덮였다. 이런 상황에서 청각에 문제가 생겨 서로의 말을 알아들을 수 없었다. 3시경에 기구는 다시 하강하기 시작했고, 돌풍에 의해 아드리아 해안으로 떠 밀려가면서 오전 8시까지 바다 해수면에 부딪쳤다가는 튕겨 올라가는 과정을 되풀이했다.

비엔나에서 출발한 잠베카리의 비행(프란체스코 과르디 작, 1784년)

아드리아 해에서 표류하는 잠베카리 백작과 두 동료(1804년)

마침내 안토니오 바존이라는 사람이 자신의 배에 그들을 건져 올려 육지로 데려왔다. 방치됐던 기구는 터키인의 손으로 넘어갔다. 기구 조종사들의 운명에 대해 어마어마한 관심이 일었고, 그들의 건강 상태를 알리는 소식들이 베니스부터 볼로냐까지 퍼져갔다. 잠베카리 백작의 상태가 가장 심각해서 손가락들을 잘라야했다.

그래도 일행 모두 결국에는 건강을 회복했는데, 잠베카리 백작은 조금도 굴하지 않고 이후로도 상당한 고도까지 비행을 계속했다. 1812년 9월 그는 보나냐Signor Bonagna와 함께 볼로냐에서 비상했다. 착륙과정에서 높은 나무에 걸려 기구에 화재가 일었다. 그들은 불을 피해 나무에서 뛰어내렸는데, 이때 잠베카리 백작은 사망했고 동료 보나냐는 중상을 입었다.

1808년 8월 안드레올리와 브리오스키가 파두아에서 이륙한 뒤 급속히 높은 고도까지 올라갔다. 기압계가 15인치로 떨어졌을 때 브리오스키는 심각한 심계항진을 느꼈고 기압계가 12인치로 떨어졌을 때는 혼수상태에 빠졌다. 안드레올리는 혼자서 기압계가 9인치로 떨어지고 왼쪽 팔을 쓸 수 없는 상황이 될 때까지 기구를 지켰다. 곧 기압계는 8인치로 떨어졌고, 이때 커다란 굉음과 함께 기구가 파열했다. 그들은 빠르게 하강했지만 무사히 이탈리아 아르쿠아 페트라르카에 있는 르네상스 인문주의자 "페트라르카"의 무덤

근처에 착륙했다.

이 대목에 대해 『항공 비행사와 산악 등반가』의 저자는 의문을 제기했다. 이 저자는 구피의 급속한 가스 배출은 기구 전체의 급강하뿐 아니라 조종사의 죽음까지 가져온다는 전제를 당연시 하고 있다. 반면에 내가 의심스러워하는 부분이 있다면 고도 30,000 피트 이상에서 기온계의 수치를 확인하는 과정에 대해서다. 이런 경우에는 공기 저항이 크기 때문에 모든 사람이 뼈마디마디 으스러지는 필연적인 결과가 나오지는 않는다. 나 자신의 경우에도 당장 착륙해야 하는 절박한 압박감 속에서 가스 밸브가 최대한 열리도록 밸브 줄을 잡고서 가스를 급속 방출하며 하강했으나 타박상 외에 그리 큰 부상을 입지 않았다.

미국 조종사인 존 와이즈도 구피가 파열된 상태에서 착륙한 일이 두 차례 있다. 찢어지고 갈라진 캔버스는 범선의 메인슬mainsail, 주범 역할을 하고 기구는 빙빙 소용돌이치듯 돌면서 하강한다. 한번쯤 경험하고픈 선망의 상황은 결코 아니지만 내가 구태여 언급을 하는 이유는 이 두 명의 이탈리아인 조종사가 도달한 고도처럼 매우 높은 지점에서 하강하더라도 꼭 생명을 담보하지 않는다는 점을 알리기 위함이다. 고도가 높아질수록 하강속도가 가속되고, 위험한 상황도 많아진다. 하지만 이런 조건에서도 추락하고 살아남을 가능성은 있다.

미국 최초의 항공우편 배달을 시도하는 존 와이즈(1859년 8월 17일)

존 와이즈

내가 경험한 울버햄프턴 비행 중에서 거센 바람이 하강을 유난히 힘들고 위험하게 만든 적이 있다. 그래도 우리는 가능한 방법을 다 동원했고 기구는 거칠게 착륙했다. 땅에 부딪쳤던 기구가 다시 튀어 올랐고, 이런 과정이 계속 반복되면서 눈에 띌 만큼 구피가 길게 찢어지더니 그 크기가 빠르게 커져갔다. 구피의 측면이 마치 날개처럼 퍼덕거렸지만 윗부분은 형태를 유지하고 있었다.

마침내 목 부분에서 밸브까지 크게 찢어져버렸고 그때 나는 이제 다 추락하고 말겠구나 싶었다. 그런데 그로부터 얼마간 묵직한 스프링들이 달려있는 그 커다란 밸브가 15피트 상공에 계속 머물렀고, 그 동안 구피 전체는 마치 거대한 종잇장처럼 펼쳐지더니 그 다음에는 마치 연처럼 1분 이상 공중에 떠 있었다. 내가 체감하기로는 1분 보다 훨씬 더 길게 느껴지는 시간이었다. 그 다음 기구는 서서히 내려앉았다. 요컨대 기압 때문에 급속하게 떨어지지 않았던 것이다.

우리는 몇 군데 멍이 들었을 뿐 크게 다치지 않았는데, 바스켓이 뒤집힌 채 하강한 와이즈의 경우와 정반대인 상황에서 우리는 무사히 살아남았던 셈이다. 이로써 우리 자신의 경험과 다른 공인된 사례들을 바탕으로 두 이탈리아인 조종사들이 기구의 파열이라는 재난 속에서도 생존했다는 것을 사실로 인정한다면, 희박해진 공기가 사람에게 미치는 영향에 대한 이들의 진술도 사실일 여지가 크다고 하겠다.

많이 회자되는 기구 비행의 주인공이기도한 안드레올리는 높은 고도에 단련이 되어 있었을 것이고 그 결과 브리오스키보다 신체적 영향을 덜 받았을 것이다. 그래서 안드레올리는 동료가 정신을 잃은 상황에서도 기압계의 값을 확인할 수 있었을 것이다. 기압계 15인치에서 브리오스키는 호흡이 무척 힘들다는 것을 깨달았다. 내 경우에는 15인치에서 호흡이 빨라지기 시작했다. 12인치 즉 고도 23,000피트에서 브리오스키는 기절했다. 이것은 게이뤼삭이 아무런 이상 증세 없이 도달한 높이와 동일한 고도였다. 기압계 9인치 즉 29,000피트에서 동료에 비해 더 노련했던 안드레올리는 왼쪽 팔을 움직이지 못하는 불편함만 느끼는 정도여서 구피가 최대한 부풀어 오른 것을 육안으로 충분히 관찰할 수 있었다.

이 비행에서 채용된 기구는 당시 이탈리아에서 주로 사용하던 몽골피에 열기구 형태 중 하나였던 것으로 보인다. 이런 형태는 아주 빠르게 상승하고 계속 열이 가해지지 않으면 이륙 지점에서 그리 멀리 가지 못한 채 단시간에 하강하는 특징을 지니고 있다. 아주 높은 고도에서 과연 기압계의 측정치를 확인할 수 있는지 여부는 계속적인 논의가 필요한 문제로 남겨두되, 노련한 조종사인 안드레올리가 희박한 공기를 잘 견딘 반면 동료인 브리오스키는 그보다 낮은 고도에서 이미 정신을 잃었다는 진술은 충분히 신뢰할 수 있을 것으로 보인다.

초기 비행에 사용된 몽골피에 열기구의 하나.(1783년 9월경)

브리오스키가 정신을 잃은 고도에서 내 경우에는 초기 비행 동안 심각한 이상증세를 경험했다. 나는 그들의 진술을 있는 그대로 받아들이고 싶다. 그들이 진술한 사실들은 다른 경험자들의 그것과도 분명히 일치한다. 브리오스키가 기절한 고도에서 게이뤼삭은 아무 이상이 없었다는 점은 논란의 여지가 있을 수 있다. 그러나 프랑스 과학자인 게이뤼삭은 수소 기구를 이용하여 주변의 중요한 현상들을 기록해가며 서서히 상승한 경우다. 브리오스키와 안드레올리가 꽤 높은 고도까지 급속히 상승했다고 볼만한 근거는 충분히 많다. 그래서 내가 이미 언급했듯이 그들의 신체에 가해지는 급작스러운 영향은 그 기구 시스템이 지탱할 수 없는 충격이었다.

1811년 8월 제임스 새들러1784년 10월 4일에 머튼 필드를 이륙하여 영국 최초로 기구 비행에 성공한 화학자이자 제빵사-옮긴이와 헨리 뷰포이는 해크니(런던의 동부)에서 출발했다. 그들은 발밑 지상의 풍광이 펼쳐진 지도처럼 보이는 고도까지만 도달했기에 신체 감각의 이상을 경험하지는 않았다. 조종사들을 둘러싼 보이지 않은 매질媒質, 어떤 물리적 작용을 한곳에서 다른 곳으로 전하여 주는 매개물, 예를 들면 태양에서 지구로 빛이 도달할 때 그 중간의 공간이 매질에 해당함-옮긴이 속에서 떠다니는 느낌이 주는 무한 자유. 전혀 의식할 수 없는 움직임. 땅과 사람들이 갑자기 쑥 꺼지듯 멀어지는 느낌. 기구 탐험가들의 외침 그리고 바스켓 주변의 소음과 동요에 이어 순식간에 찾아오는 상층부의 정적. 이런 것들이 뷰포이가 그 비행에서 경험한 첫 인상이었다.

제임스 새들러의 기구 비행(1811년 8월 12일)

1812년 제임스 새들러의 아들인 윈드햄 윌리엄 새들러는 더블린에서 이륙하여 리버풀로 향했으나 역기류를 만나 바다에 내리기로 결정했다. 익사를 피하고 기구가 다시 상승하는 것을 막기 위하여 새들러는 한 선박의 선원들에게 보우스피릿bowspirit, 돛단배의 뱃머리에 돛단 모양으로 돌출한 부분-옮긴이으로 기구를 관통한 후 자신을 배에 태워달라고 요청했다.

그린 파크에서 출발했던 비행에서도 윈드햄은 가까스로 목숨을 구했다. 밸브가 얼었을뿐 아니라 기구의 맨 위쪽이 파열되어 구피의 실크 커버가 파열된 곳으로 조금씩 튀어나오기 시작했다. 그는 바스켓 밖으로 튕겨질 것에 대비해 구피의 기다란 실크 목 부분에 자신의 몸을 묶었다. 꽤 높은 고도까지 올라갔던 그는 추위에 거의 동사직전까지 갔다가 간신히 그레이브젠드 인근에 착륙했다.

여러 차례 위기를 넘겼던 그였으나 1824년 자신의 31번째 비행에서는 착륙과정의 추락사를 피하지 못한 채 아버지 제임스 새들러에게 큰 슬픔을 안겼다. 슬픔을 듣고 다시 기구 비행에 나섰던 아버지 제임스의 투혼과 과학적 관측에는 크게 이바지하지 못했지만 역시 용감한 하늘길 개척가였던 아들 윈드햄은 기구 역사에 큰 발자취를 남겼다.

기구 사고(1)

기구 사고(2). 1824년 영국의 기구 조종사 토머스 해리스는 자신이 개발한 가스 밸브에 문제가 생기자 동료 여성 탑승자를 살리기 위하여 기구에서 뛰어내렸다고 알려졌다. 그 결과 그는 사망했고 여성 탑승자 소피아 스톡스는 중상을 입었으나 생존했다.

기구 사고(3). 1819년 블랑샤르의 부인이자 여성 최초의 전문 기구 조종사인 소피 블랑샤르가 수소 기구에 불이 붙는 사고로 사망했다.

기구 사고(4) 상트페테르부르크, 1891년

기구사고(5)

1832년 시어도어 포스터 박사는 찰스 그린과 함께 첼름스퍼드(영국 동부 에식스 주)에서 비상했다. 산악인들의 탐사로 이루어진 관측 결과에 추가하려는 좀 더 세밀한 구름 관측이 그들의 목적이었다. 또한 높은 고도에서 각 개인의 청각에 어떤 영향이 미치는지 시험하는 목적도 포함되었다. 그들은 서서히 상승했고 한동안 잠잠한 상태로 있었다. "시간은 저녁을 향해가고, 시야에 에식스 주의 몰던 강이 들어왔다. 우리는 몰던 강 습지 상공에 떠 있었다."

포스터 박사는 이어서 이렇게 언급하고 있다. "적운이 분명해 보였던 구름이 어느새 층운으로 가라앉아 있었다. 아니 하얀 밤안개가 가라앉아서 지상에 퍼져 있는 것 같아서 처음에는 연기로 착각했다. 더 높이 올라가자 적운들이 나타났고, 균질의 안개와 온난 구름들이 눈에 띄었다. 조망의 아름다움과 범위가 커졌다. 지상에 불던 산들바람의 상층부로 올라간 직후부터 세속의 소리는 뚝 그쳤다. 아래쪽에 비해 대기는 비교적 잠잠했고 가벼운 느낌이었으며 아무런 움직임도 느껴지지 않았다. 얼마 후에 나는 약간의 미동을 느꼈고 위쪽 구피에서는 바람에 부딪치는 것처럼 요란한 소음이 들려왔다. 비행 목적을 되새기던 우리는 어느 순간부터 다른 기류를 타고 있다는 걸 깨달았다. 그 기류에 의해 우리는 요동치는 기구에 실려 빙빙 돌면서 다시 첼름스퍼드 방향으로 돌아가고 있었다. 나는 해협을 횡단하여 프랑스로

갔던 일을 떠올렸다. 얼마 전까지만 해도 범선에서만 가능했던 경험, 요컨대 바다를 물고기처럼 가르는 기분을 증기선에서 만끽했던 것은 참 색다른 일이었다. 그러나 바다의 그 새로운 레비아탄은 창공의 이 페가수스에 비하면 아무것도 아니다. 게다가 정지해 있는 기구의 느낌과 움직이는 기구의 그것은 천지차이다."

금세기 가장 주목할 만한 비행은 영국 하원의원인 로버트 홀론드에 의해 준비되었다. 훗날 "나소"로 알려진 그린의 대형 기구를 채택했고 여기에 가능한 모든 필수품과 2주치 이상의 식량을 실었다. 이 기구는 1836년 11월 7일 월요일 오후 복스홀 가든스에서 이륙했다. 탑승자는 그린을 비롯해 이 계획을 입안한 로버트 홀론드 그리고 몽크 메이슨 이상 세 명이었다. 오후 1시에 비상한 그들은 바람을 타고 부드럽게 이동했다. 겨울날의 저무는 햇빛 속에서 그들은 떠나온 땅을 찾아보았고 바로 아래에 있던 해변의 흰 파도를 내려다보았다. 밤새 칠흑 같은 어둠 속에서 짙은 구름층 위를 수 시간 동안 이동했는데, 이따금씩 구름의 틈으로 지상의 불빛들이 아스라이 보이곤 했다.

날이 밝았을 때 그들이 지나고 있는 지역이 보였으나 그렇다고 어디로 가고 있는지 알 수는 없었다. 오전 5시 10분 그들은 그 비행에서 최고점인 12,000 피트까지 올랐다.

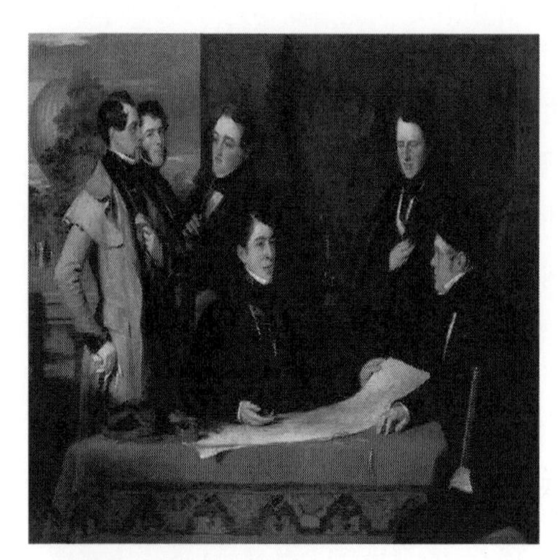

바일부르크 비행을 앞둔 회의. 정중앙부터 우측으로 로버트 홀론드(정중앙), 찰스 그린(서 있는 인물), 몽크 메이슨(맨 오른쪽)

몽크 메이슨이 자신의 책에서 설명한 기구 착륙 후 모습, 독일 바일부르크 인근의 엘번(Elbern)

찰스 그린의 독일 바일부르크 비행(1836년)

5시 45분 그들은 태양이 전체 다 보이는 지점에 가 있었고 그 직후에 하강했다가 다시 상승하여 구름 위의 일출을 즐겼다. 햇빛이 강해질 즈음 그들은 현재의 위치를 가늠해 보았다. 얼마나 빨리 얼마나 멀리 이동하고 있는지 알지 못했던 그들은 애초 기구의 안전과 편의에 필요한 물품들을 보충하기로 했던 유럽의 한 지역을 이미 지나버렸다고 짐작했다.

눈 아래 펼쳐진 드넓은 설원은 그곳이 폴란드의 평원이거나 러시아의 스텝 지대라고 짐작케 했다. 그래서 그들은 지체 없이 하강하기로 결정하고 닻을 내렸다. 울창한 계곡의 완만한 내리막을 지나 숲 정상의 수목 사이에 무사히 착륙했다. 인근에 있던 사람들에게 도움을 청하여 재빨리 기구를 수습했는데, 알고 보니 그들이 착륙한 곳은 바일부르크에서 6마일 가량 떨어진 나소 공국이었다. 18시간 동안 계속된 그 여정이 안전하고 유쾌한 종착지에 도착한 셈이다. 몽크 메이슨은 머잖아 출간한 자신의 저서 『경기구 조종술 Aerostation』을 통하여 그때의 비행에 대해 소상히 설명하고 있다.

내가 기구 비행에 대해 연속적인 서술 방식을 사용했다면 (요컨대 중요한 비행 사례만 골라서 집중하는 방식이 아니라) 최초의 기구 조종사인 필라드레 드 로지에와 최초의 직업적인 하늘길 여행자인 블랑샤르는 더 많은 지면을 차지했을 터다.

기구 사용에 있어서 하늘 탐험가의 눈에 웅장한 자연 파노라마처럼 나타나는 지표면을 따라 수마일간 수평으로 이동하는 것과 기구의 성능(또는 가스 용적량)과 인간의 생존 능력이 허락하는 한계 안에서 가장 높은 고도까지 수직 상승하는 것의 차이는 구별되어야 한다. 창공의 수직 탐사와 수평 탐사는 각각 고유한 경험치를 제공한다. 수평 탐사는 인간에게 주로 즐거움을, 수직 탐사는 미지의 영역에 대한 지식을 선사한다.

블랑샤르 블랑샤르 부인

기구에서 조정할 수 있는 것은 수직적인 움직임뿐이다. 기구의 가스 용적량과 무게를 측정하여 그 상승 능력을 계산할 수 있다. 기구 조종사는 특정 고도의 변화들에 스스로를 단련할 수 있고 관측 작업까지 능숙해진다면 매번의 비행에서 발견의 신기원을 이룰 수도 있다.

찰스 그린의 입장에서는 오랫동안 수소를 대신해왔던 석탄 가스를 사용하는 것이 적절했다. 그 결과 기구의 가스 주입 과정은 종종 며칠씩 걸리던 예전의 방식에 비해 지루하지도 않았고 불안하지도 않았다. 그 대신 불과 몇 시간 만에 그것도 합리적인 비용으로 쉽고 확실하게 작업이 이루어졌다.

상대적으로 쉬워진 기구 관리 덕분에 숙련된 조종사들은 높은 수입을 올렸고, 그들 중에서 조종과 안내를 금전에 따라 결정하는 이들도 많아졌다. 사람들은 돈을 내고 한 두 시간 동안 기구에 안전하게 앉아서 지상이 내려다보이는 고도까지만 올라가 하늘 여행의 즐거움을 만끽할 수 있었다. 바로 이 점 때문에 나는 기구가 구경거리와 일시적 오락거리로 서서히 변질되어 왔고 그 주목할 만한 특성과 중요한 성과들이 완전히 잊힐지 모른다고 우려하고 있다.

기구를 수평 방향으로 유도하는 것은 그 어느 때보다 실용적이지 않아 보인다. 기구는 고정점에서 출발하여 방향이 계속 바뀌는 곳으로 나아간다. 나침반을 가져가지만 그것은

주어진 경로를 따라 방향을 잡아가기 위함이 아니라 우리를 실어가는 기구의 가변적이고도 제어가 불가능한 움직임의 궤적을 짚어보기 위함이다. 우리는 하늘에 난 거대한 원형의 궤도 중에서 극히 작은 조각 하나만을 지나간다.

전진과 후진을 반복하기도 하고 때로는 서서히 때로는 빠르게 움직인다. 대기의 증기 아래 어떤 지상의 풍광이 가려져 있는지 전혀 알지 못한 채 우리는 바스켓에 앉아 있다. 모든 조건이 호의적이라면 여정은 오랫동안 지속된다. 그런데 묻고 싶어진다. 이런 기구의 실용적인 이점은 과연 무엇인가? 기구의 다른 쓰임새가 있다면 그것은 과연 무엇인가? 그래도 기구를 여전히 삶의 필요조건에 더 부합하는 어떤 기계장치와 접목시켜야 하는 중요 원리로 여긴다면 잘못된 생각일까?

희박해진 공기에서 호흡을 자주 한다고 산소 결핍이 해결되지 않는다. 침을 삼키기도 고통스러울 정도로 지속적인 갈증을 느끼는 사람들은 그 반대의 상황에 민감하다. 산소 부족으로 야기되는 죽음에는 고통이 없고, 창공 한복판에 떠 있는 인간의 생명을 서서히 질식시켜서 앗아간다. 마치 산악인들이 추위로 인해 고통에 둔감해지고 쏟아지는 졸음의 나른함에 굴복하여 더는 깨어날 수 없는 긴 수면 속으로 빠져드는 것처럼 말이다. 산소 부족과 추위는 수직 비행이나 가파른 등정 어떤 식으로든 높은 고도에 다다랐을 때 직

면하는 요인들이다. 그리고 이 요인들은 인간의 생명력과 극심한 체력 소모의 임계점에서 모험가의 발길을 돌려세운다.

이번에는 기구의 수직 상승을 얘기해보자. 기구를 정당한 군사작전의 수단으로 전쟁의 목적에 사용하거나 하층 대기의 경계까지 올라가는데 사용한다면 어떨까? 실상 기구는 고립된 동력으로 남아있긴 하나 인간의 가장 중요한 발명품 중에 하나다. 게다가 여전히 우리가 찾고 있는 유용한 메커니즘의 중요한 원리로서 제대로 응용된 적이 여태 한 번도 없다.

수직 탐사의 수단으로서 기구는 매번 풍부한 암시와 다양한 전망으로 우리를 이끌어간다. 대기가 미래 발견의 근원을 포함하는 변화의 거대한 실험실이고, 화학자와 기상학자에게 다양한 고도에 따라 동물의 삶이 어떠한 물리적 상관관계를 가지는지 정보를 알려준다고 가정해보자. 특정 고도에서 도사리고 있는 죽음의 형태는 어떤 것일까? 기압 감소의 영향은 각각의 개인에게 비슷하게 나타날까? 산악 등반가의 경험과 기구 조종사의 그것을 비교해본다면?

이런 것들은 자연스럽게 제기되는 질문의 일부이고, 역시나 자연스럽게 기구 실험에 더 호의적인 연구 분야들을 넌지시 암시하기도 한다. 쓰임새가 다양하고 중요한 기구는 과학 분야에 유용한 보조기구로 자리매김할 것이고, 이로써 계속해서 장난감으로 전락하여 구경거리로만 이용되거나 모험과 유별난 것을 좋아하는 사람들에게 그저 즐거움을 주는 작금의 퇴보 단계에서 벗어나게 될 것이다.

또한 기구를 활용하여 우리가 호흡하는 기체 성분의 비율을 알아낼 수 있다. 이름 없는 해안, 하늘이라는 망망대해의 파도에 화학자와 기상학자와 물리학자의 손에서 발전될 무수한 발견들이 포함되어 있다고 여긴다면 그릇된 생각일까? 각각 다른 고도에서 생명유지 기능들이 어떻게 작용하는지 또 우리가 먼 상층부로 데려간 여러 생명체들(이를테면 비둘기)에게 찾아오는 죽음의 방식은 어떤 것인지 연구해야하지 않을까? 같은 기구의 바스켓라는 같은 조건에 있는 사람들에게 기압의 감소가 어떤 영향을 미치는지 비교해볼 필요가 있지 않을까?

기구가 발명되었을 때 과학원은 위대한 화학자 라부아지에[Lavoisier, 프랑스의 화학자로 근대 화학의 시조-옮긴이]에게 이 예기치 못한 발명품의 가치를 평가하는 보고서 작성을 일임했다. 직접 참여한 기구 비행에 대해 자세히 서술한 이 저명한 화학자는 기구의 도움으로 해결할 수 있는 난제들이 많다는 점과 그 쓰임새의 다양함에 깜짝 놀라서 말문을 닫았다.

나 또한 그의 침묵을 따르려한다. 기구가 구경거리 또는 모험을 좇아 짜릿한 흥분을 느끼고자 더 높이 올라가려는 하늘 유람객의 이동 수단이 아니라 과학 수단으로서 지닌

잠재력을 재차 정당화할 필요는 없을 것이기 때문이다.

최초로 기구를 군사 목적으로 사용한 플뢰뤼스 전투(Battle of Fleurus, 1794) 이 전투에서 프랑스군은 기구를 항공 정찰에 이용함으로써 오스트리아를 상대로 대승을 거두었다.

기구를 추격하는 프로이센 창기병들

남북전쟁에 사용한 기구, 1862년

AMERICAN TROOPS CARRYING THE SPANISH EARTHWORKS AT EL CANEY BY ASSAULT, JULY 2, 1898.

미국-스페인 전쟁에서 사용된 기구, 1899년

프랑스 전함에 계류하여 시험 중인 기구(1890년)

한반도 평양에서 기구를 이용해 정찰 활동을 하는 일본군, 1904년

제1차 세계대전에서 비행기구를 준비 중인 러시아군, 1914년

제1차 세계대전에서 사용된 영국의 정찰 비행선, 1917년

제2차 세계대전 노르망디 전투에서 사용된 방공 기구들, 1944년 6월

US 310
US

기구에 탑승한 글레이셔와 콕스웰

제 1 장

영국 최초의 과학적 비행

생각의 영역에는 국경이 없고 인간 정신의 정복은 전 세계적인 관심사다. 그래도 문명국들이 먼저 나서서 자연과학의 연구라는 위업에 이바지해주기를 또 각국의 특성에 최적화된 분야를 선택해주기를 요청받는다.

프랑스는 세상에 기구를 선사했으나 그 성과는 아직 미완이고, 자크 샤를과 몽골피에 형제의 과업도 아직 결실을 맺지 못하고 있다. 그러나 나는 여기서 지금까지의 기구 성과를 나열하거나 공중수송의 문제를 해결하는 초기 방법으로서 기구의 가치를 논하려는 것이 아니다. 내 목적은 이 분야의 선구자들이 거둔 관측 성과를 간단히 살펴본 후에 나 자신의 하늘 탐사에서 얻은 중요한 결과들을 설명하려는 것이다.

영국에서 항공술에 헌신한 선구자들은 외국인이었다. 철학자 티베리우스 카발로와 외교관 빈첸조 루나르디는 둘 다 이탈리아인이었다. 그러나 루나르디가 영국에서 기구 비상을 시작한 이래 지금까지 기구는 영국인들에게 인기의 대상이 되었음은 사실이다. 귀족과 신사들이 항공 여행에 관심을 가지고 있을뿐 아니라 과학자들은 유럽에서 이루어졌던 위대한 실험들을 열정적으로 진전시켜왔다. 이중에서 대기 현상의 체계적인 연구를 목적으로 자유비행형과 계류비행형 기구를 모두 이용한 몇 번의 실험들은 영국에서도 시도되었다.

역사적인 영국 첫 기구 비행(1784년 9월 14일) 후에 옥스퍼드 스트리트의 판테온에 전시된 루나르디의 기구

1838년과 1850년, 조지 러시는 찰스 그린과 몇 차례 하늘에 올라서 주로 습기에 대한 관측연구를 수행했다. 대중의 관심이 꽤 높아졌으나 이 기구 비행을 널리 알린 주요 계기는 비행 말미에 발생한 사고였다. 기구는 시어네스 인근 바다에 내려왔고 바스켓은 물속에 잠긴 채 꽤 빠른 속도로 끌려갔다. 구피가 연과 같은 역할을 했던 것이다. 그린은 닻을 던졌고, 닻은 침몰한 난파선의 잔해에 걸려서 다행히 그들을 구조하러 선박이 도착할 때까지 기구를 붙잡아두었다. 기구에 소총을 발사하여 가스를 빼냈고 구조작업이 안전하게 마무리됐다.

바다로 떨어진 찰스 그린

19세기 영국에서 가장 유명한 기구 조종사였던 찰스 그린의 초상화(Charles Green, 1835년경)

기구가 도입된 직후 더 높은 고도에서 실험을 하려는 열의가 높아졌다. 최초의 실험은 앞에서 언급했듯이 1803년과 1804년에 상트페테르부르크에서 러시아 황제의 지시에 따라 로버트슨(에티엥 가스파르 로베르의 예명)이 시도했지만 유의미한 결과를 얻진 못했다.

1804년에는 파리에서 두 번의 실험이 행해졌다. 첫 번째 실험은 8월 31일 게이뤼삭과 장바티스트 비오에 의해 이루어졌다. 이들은 13,000피트까지 올라갔으나 7,000피트로 고도를 낮추고 나서야 실험을 시작할 수 있었다. 당시 이루어진 자기, 전기, 동전기(갤버니즘)에 관한 실험들은 지상에서의 실험과 동일한 결과를 나타냈는데, 이 때문에 사람들은 크게 실망했다.

당시에는 그들이 충분히 높은 고도까지 올라가지 않았다는 추측이 있었다. 그래서 게이뤼삭은 혼자서 더 높은 고도까지 올라가기로 결심했다. 이 결심은 같은 해 9월 15일에 성공적으로 실행되었고, 그 결과 그는 23,000피트까지 도달했다. 그는 기온이 화씨 82도(섭씨 27.7도)에서 화씨 15도(섭씨 영하 9.5도)로 낮아진 것을 발견했다. 고도가 300피트 상승할 때마다 화씨 1도(섭씨 약 0.55도)씩 내려간다는 이론이 대략 확인된 셈이다. 하늘은 새파란 색이었고, 공기는 극히 건조했다. 자석이 진동하기까지 지상에서보다 시간이 더 걸렸다. 그는 2개의 병에 상층부의 공기를 담았는데, 그것을 나중에 분석한 결과 대기 하층부의 구성 성분과 동일하다는 것이 밝혀졌다.

그후 2년이 지났을 때 나폴리 왕실 천문학자인 카를로 브리오스키가 게이뤼삭보다 더 높이 오르려고 했으나 기구가 파열되는 바람에 실패했다. 그 후로는 별다른 시도가 없다가 1843년에 이르러 영국 학술협회가 위원회를 구성하고 계류형 기구를 이용한 실험에 연구비 지원을 가결했다. 연이어 몇 개의 위원회가 구성되었고, 학술협회의 제한된 재원에도 불구하고 거금의 연구비가 기구 실험에 배정되었다. 그러나 좋은 결과를 얻진 못했다. 이런 실패에 우리는 낙담하지도 않았고 놀라지도 않았다. 계류형 기구로 상승하는 과정은 적절한 장비를 갖춘 경험 많은 조종사들이라면 순조로운 편이지만 척박한 항공술에 익숙하지 않은 초심자들에겐 복잡한 난관이었다.

1850년에 자크 알렉상드르 빅시오Jacques Alexandre Bixio와 장-오거스틴 바랄Jean-Augustin Barral은 아직 제대로 알려져 있지 않은 여러 대기 현상을 연구하고자 고도 30,000피트에서 40,000피트까지 올라가기로 계획을 세웠다. 그해 6월 29일 파리 관측소의 마당에서 구피에 순수 수소 가스를 주입했다. 날씨는 좋지 않았다. 장대비가 쏟아지고 있었다. 빅시오와 바랄 그리고 조종사가 바스켓에 자리를 잡았고, 그들은 기구의 부력 시험을 거치지 않은 채 참관자들의 말에 따르면 그야말로 화살처럼 공중으로 솟구쳐 오르더니 2분 만에 구름 속으로 사라져 버렸다.

5,000피트부터 구피 속의 가스가 엄청나게 팽창하기 시작했다. 빵빵해진 구피가 아래쪽으로도 부풀어서 바스켓에 앉아있던 탑승자들을 뒤덮어버렸다. 구피를 고정하는 줄들

이 불행히도 너무 짧았던 것이다. 이 어려운 상황에서 가스 밸브쪽 줄을 풀려던 한 명이 구피의 아랫부분에 그만 구멍을 하나 내고 말았다. 그들의 머리 높이에서 구피의 가스가 새기 시작했고 그로인해 메스꺼움을 느낀 그들은 연거푸 구역질을 해야 했다. 그때 그들은 구피가 찢어져서 급강하하고 있음을 깨달았다. 그들은 이륙한지 불과 47분 만에 버릴 수 있는 것들을 최대한 내던져 하강 속도를 줄이면서 어느 포도원 쪽으로 내려오기 시작했다. 9,000피트 고도의 짙은 구름 덩어리들이 기구 주위를 스쳐갔다. 19,000피트까지 계속 떨어진 기온은 게이뤼삭이 1804년 얻은 결과를 증명해주는 것 같았다.

다음 달인 7월 27일, 이른 아침부터 기구의 가스 주입이 시작됐다. 오후 2시가 될 때까지 퍽 오랜 시간이 걸리는 작업이었다. 얼마 후에는 폭우가 쏟아졌고 하늘은 어두워졌다. 기구가 이륙한 것은 오후 4시가 지나서였다. 그들은 곧 7,000내지 8,000피트 상공의 구름 속으로 들어갔고, 이내 15,000피트에 도달했다. 그러나 그들은 결코 최고 고도에는 오르지 못했다. 23,000피트에 도달한 4시 50분을 기점으로 그들은 하강하기 시작했기 때문이다. 그때 발견된 구피의 찢어진 부분이 원인이었다. 하강을 막기 위한 시도들은 소용이 없어서 결국 그들은 5시 30분에 지상으로 내려왔다.

15,000피트에 도달했을 때 주변을 에워싼 수증기의 한 틈새로 파란 하늘이 드러났다. 그쪽으로 편광기를 비추자 강한 편광이 나타났으나 틈에서 떨어진 다른 쪽을 비추자 사라졌다.

당시의 기구 비행에서 흥미로운 광학 효과가 관측되었다. 이 비행에서 도달했던 가장 높은 고도 부근에 다다랐을 때 기구를 뒤덮은 구름층의 하부가 약간 열어졌다. 이때 두 관찰자는 희미하면서도 희디흰 색을 띤 태양을 본데 이어 그와 동시에 구름 속에 떠 있는 빙정氷晶의 수평면에 반사된 것으로 보이는 또 다른 태양을 보았다.

그러나 이 비행에서 관찰된 가장 독특하고도 예상 밖의 결과는 기온의 큰 변화였다. 약 19,000피트 상공에서 기온은 섭씨 영하 9.4도였으나 2,000피트를 더 올라갔을 때는 영하 39.4도로 떨어졌다. 이 놀라운 변화는 구름 속에서 일어났다. 그렇다면 그 구름의 구성 성분이 무엇인지 궁금해질 것이다. 게이뤼삭보다 50피트 낮은 고도까지 도달했던 이 비행에서 기온은 12.2도 더 낮았고 관측자들의 옷은 미세한 얼음 바늘로 뒤덮였다. 이때부터 최근까지 프랑스에서 과학적 목적으로 시도된 기구 비행은 없었다.

1852년에는 큐 천문대Kew Observatory의 웰시John Welsh가 영국 학술 협회의 후원을 받아 거대한 나소 기구를 이용해 4차례 비행했다. 이 비행에는 기구 경험이 수백차례에 이르는 베테랑 조종사 찰스 그린이 함께했다.

8월, 10월, 11월 석 달 동안 웰시와 찰스 그린은 19,500피트, 19,100피트, 12,640피트, 22,930피트까지 올랐고, 각각의 비행에서 귀중한 관측 성과를 얻었다.

고도가 높아질수록 기온이 떨어지는 현상을 관측한 게이뤼삭의 기록은 산에 위치한 관측소에서 도출한 법칙 즉 고도가 300피트 높아질 때마다 화씨 1도씩 떨어진다는 법칙을 입증하는 것으로 보였다. 웰시는 자신의 실험을 통해 약간의 수정을 가하긴 했지만 역시 동일한 법칙이 적용됨을 확인했다.

웰시의 관측 결과는 1853년 『영국 왕립협회 철학 회보』, 1856년 『피터만 박사의 지리학 회보』에 각각 게재되었다.

웰시의 비행은 당시 대중의 엄청난 관심을 모았다. 나는 그리니치 천문대의 지붕에서 이륙하던 웰시의 네 번째 비행을 고성능 망원경으로 지켜보았다. 날은 화창했고 대기는 깨끗했다. 나는 망원경으로 이륙과 착륙에 이르기까지 그 기구의 움직임을 모두 볼 수 있다는데 놀랐다. 기구가 비행하는 내내 또 동남동 방향으로 57마일을 횡단하는 동안 나는 그 움직임을 놓친 적이 없었다. 나는 2시 22분 기구가 복스홀에서 비상하는 것을 보았고, 3시 40분에 포크스턴(이 지명은 나중에 안 것이지만) 인근으로 내려오는 것을 보았다. 이 일은 내가 품고 있던 기구 관측에 대한 욕구에 큰 영향을 미쳤다. 나는 지상에서의 관측과 기구에서의 관측을 결합할 수 있다고 생각하게 됐다. 기구의 바스켓에서 보는 것과 별개로 지상의 관측을 통해 기구가 어느 시간에 어느 고도에 있는지 측정할 수 있다고 생각한 것이다. 그러나 내가 직접 비행하는 동안 바스켓에서 나 자신이 측정한 고도를 입증할 수 있는 수준까지 지상에서 별도의 망원경을 통한 기구 관측을 충분히 활용하진 못했다.

그러나 내가 대기 물리학에 관심을 가졌던 것이 그때가 처음은 아니었다. 이런 관심은 내가 아일랜드에 체류했던 1829년과 1830년에 처음 생겼다. 당시에 나는 몇 주 내내 안개에 파묻혀 지낼 때가 많았다. 처음에는 골웨이의 벤코Bencor 산에서 나중에는 리머릭 인근 키퍼Keeper 산 정상에서 그랬다. 그때 나는 아일랜드 삼각측량국Trigonometrical Survey of Ireland에서 일했는데, 일의 특성상 장시간 동안 구름 상부나 그 한복판까지 올라가야했다. 그 결과 하늘의 색, 구름의 미묘한 색조, 불투명한 물질의 움직임, 눈의 결정체 형성 등을 연구하게 됐다. 아일랜드 측량국을 떠나 캠브리지를 거쳐 그리니치 천문대로 이직한 후에도 내 관심은 변하지 않았다. 천체 관측을 하는 동안 나는 구름의 형성 과정을 흥미진진하게 관찰했고, 종종 구름 장벽이 갑자기 별을 가려버리는 경우에는 그토록 빠르게 구름이 형성되는 원인과 진행 과정을 알고 싶어졌다.

웰시는 건강이 나빠지면서 진행해온 실험들을 중단했고, 과학적인 기구 비행에 쏟아지던 대중의 관심도 멈추었다. 그러나 영국 왕립 학술협회는 대기 실험에 관한 관심을 거두지 않았다. 애버딘 주 국회의원이었던 윌리엄 헨리 사이크스 대령이 다시금 1858년 리즈에서 열린 영국 왕립 학술협회 모임에서 그 주제를 환기시켰고 그 결과 영향력 있는 위원회가 구성되었다. 회원들의 회비로만 충당되는 협회의 기금은 중요성이 인정되는 미개척 과학 분야에 주로 지원되었고, 과학적 목적의 기구 비행에 승인되는 지원금은 주로 기구 구입과 조종사 고용, 가스 구입비로 이루어졌다. 위원회의 몇몇 위원들은 이미 찰스 그린과 기구 비행에 나선 경험이 있었다. 그랬기에 그들은 구름 속과 그 상부에서 이루어지는 관측의 중요성을 제대로 이해했다. 비행 초반에는 찰스 그린이 주도하고 후반에는 젊은 후배들이 인계받기로 했다. 기구가 영국에 도입된 1784년 바로 그 해에 태어난 찰스 그린은 어느 새 74세가 되어 있었다.

나는 두 명의 젊은 관측자에게 내가 아는 모든 걸 가르쳤고 오랜 관측자의 삶에서 깨달은 주의사항들을 설명했다. 기구의 첫 비행을 지원하기 위하여 1859년 8월 15일에 위원회가 울버햄프턴에서 모임을 가졌다. 울버햄프턴이 선택된 이유는 영국의 중심부라는 지리적 위치 때문이었다. 그리고 이후 이곳은 내가 가장 성공한 탐사 비행 중에서 몇 차례 출발지가 되기도 했다.

거대한 나소 기구에 가스를 주입하기 시작했을 때만 해도 날씨는 화창했다. 그런데 곧 바람이 거세게 이는데다 계속해서 크고 작은 사고들이 생기면서 가스 주입을 방해했다. 그 결과 비행은 다음날인 8월 16일로 연기되었다. 위원회는 8월 16일에 다시 모였으나 그들이 목격한 것은 기구의 잔해뿐이었다. 가스 주입이 상당히 진행되었을 때 거센 돌풍이 난폭하게 구피를 흔들어대더니 찢어버리고 말았다. 가스는 다 빠져나갔다.

구피의 찢어진 부분을 살펴본 찰스 그린은 그것을 수리하려면 많은 시간이 걸리겠다고 말했고, 왕립 학술협회의 정기 총회가 임박해옴에 따라 결국은 비행을 연기하기로 결정되었다. 안전장치가 없는 야외에서 느릿느릿 그것도 함부로 가스 주입을 하지 않는다면 그런 사고는 있을 수 없는 일이다. 적어도 벌어질 확률이 아주 희박한 사고였다.

찰스 그린은 자신의 잘못이 아닌 그 사고 때문에 몹시 괴로워했다. 척박한 분야였던 항공술을 적절한 위치까지 끌어올릴 수 있는 일련의 실험들이 중단되었기 때문이다. 그의 일평생은 그런 역경의 연속이었고 기쁨은 짧은 막간처럼 잠깐씩 맛볼 수 있었다. 그는 완전무결한 조건 아래서 이루어지는 실험의 중요성에 대해 또 학자들의 지지와 관심이 필요하다는 것에 대해 누구보다도 잘 알고 있었다. 그는 이런 상황에서 자신의 경력을 갈무리하고 싶었던 것이다.

찰스 그린은 1821년 조지 4세의 대관식에서 비행 경력을 시작했다. 그 후 36년 동안 그가 세운 비행 기록은 1,400회에 육박했다. 바다를 3번 횡단했는데, 그중에 두 번 바다에 착수했다. 그는 많은 경험을 쌓았고 그의 판단은 절대적인 신뢰를 얻었다. 그러나 애석히도 충분한 교육을 받지 못했기 때문에 더 높은 고도에서 유능한 관측자가 되기 어려웠다. 그래도 그는 기구 조종을 한 단계 발전시킨 장본인이었다. 비행 특히 바다 횡단 시에 가이드로프[guide-rope]의 사용, 수소가스를 대체한 증열수성가스의 도입 등은 언급할만한 그의 중요한 업적이다. 그는 1870년 86세를 일기로 세상을 떠났다.

기구 위원회는 잦은 지연으로 낙담했지만 그래도 울버햄프턴에서 4번의 비행을 시도하기로 결정했다. 게이뤼삭, 빅시오, 바랄이 발표한 사실을 입증하기 위하여 4~5마일 상공까지 올라가야한다는 지침을 세웠다. 그런데 상황을 알아본 결과 그 정도 고도까지 상승하는데 필요한 양의 가스를 수용할 수 있는 기구가 영국에는 없었다. 당시에 가장 큰 기구는 로열 크레몬[Royal Cremorne]으로 약 50,000피트까지 올라갈 수 있다고 알려져 있었다. 따라서 위원회는 그 기구를 확보하는 한편 주로 크레몬 가든스에서 출발하여 총 100회 정도의 비행 경험이 있던 토머스 리스고를 조종사로 고용했다. 기구 조종은 오랫동안 상업의 방편으로만 간주되어 왔고, 기구와 조종사는 한 묶음 같아서 기구 따로 조종사 따로 선택할 수는 없었다. 나는 늘 높은 상공에서 관측을 하고 싶은 바람을 품고 있었으나 그때는 직접 관측에 나서기보다 장비의 사용법과 주의사항을 전달하는 정도로만 만족하기로 마음먹었다.

크레몬 가든스에서 출발하는 크레몬 기구(1872년)

원래 관측자로 내정됐던 사람 한 명이 중도 하차했고, 그 결과 그리니치 천문대에서 조수로 일하던 헨리 찰스 크리스웍이 관측자로서 조종사와 단둘이 비행에 나서기로 계획이 변경됐다. 기구의 가스 주입 작업은 울버햄프턴의 가스 공장부지 내에서 하기로 되어 있었다. 비행을 앞두고 위원회 소속 위원들이 로트슬리 경과 영국 학술협회 회장인 윌리엄

페어번과 함께 나타났다.

오후 1시 4분, 기구는 천천히 안정감 있게 상승했다. 몇 분간 거의 정적인 상태로 있다가 모래주머니를 던진 후 1마일 높이까지 올라갔다. 13분 만에 기구는 시야에서 사라졌다. 그런데 1마일 정도를 더 올라간 직후에 기구가 내려오기 시작했다. 나중에 확인한 결과 구피가 미세한 구멍으로 가득 차 있었고, 그나마 관측한 결과마저 서로 모순되는 수치를 보임으로써 무용지물이 됐다. 실망이 이만저만이 아니었다. 고도에 따라 30개 지점에서 수분 간격으로 천문관측을 시행하게끔 준비를 해온 터였다. 관측 중단은 심각한 문제였고, 당연히 비행 경험이 있는 많은 사람들을 실망시켰다. 사이크스 대령과 위원회는 몹시 낙담했지만 향후 대책을 논의하기 위해 로트슬리 홀에 모였다. 리스고는 그 기구를 30년 동안 사용해 와서 낡았다는 점을 시인했다. 그리고 헨리 콕스웰을 섭외해 그의 마스 기구를 사용해보라고 조언했다.

이 상황을 상세히 설명하기에 앞서서 독자들에게 양해를 구하고 싶다. 기구 조사 활동이 종종 부딪치곤 하는 큰 난관들을 보여주는 사례라 언급하려고 한다. 사람들은 실제적인 어려움이 하늘에서 일어날 거라고 생각하지만 오히려 가장 큰 어려움은 지상에서 극복해야할 것들이다.

마스 기구는 손상된 상태였다. 재봉사 몇 명이 수선 작업을 하고 있었으나 그들의 힘을 다 합쳐도 며칠은 걸릴 터였다. 게다가 콕스웰마저도 안전한 비행을 장담할 수 없다고 했다. 그런데 그는 지금까지 만든 그 어느 것보다 큰 기구를 새로 만들어보자고 제안했다. 이후 내가 시도한 실험의 상당수가 바로 이 기구의 바스켓에서 이루어졌다.

기구를 제작하는 작업장, 1891년

기구를 제작하는 과정 (1)

기구를 제작하는 과정 (2)

제임스 글레이셔

헨리 콕스웰

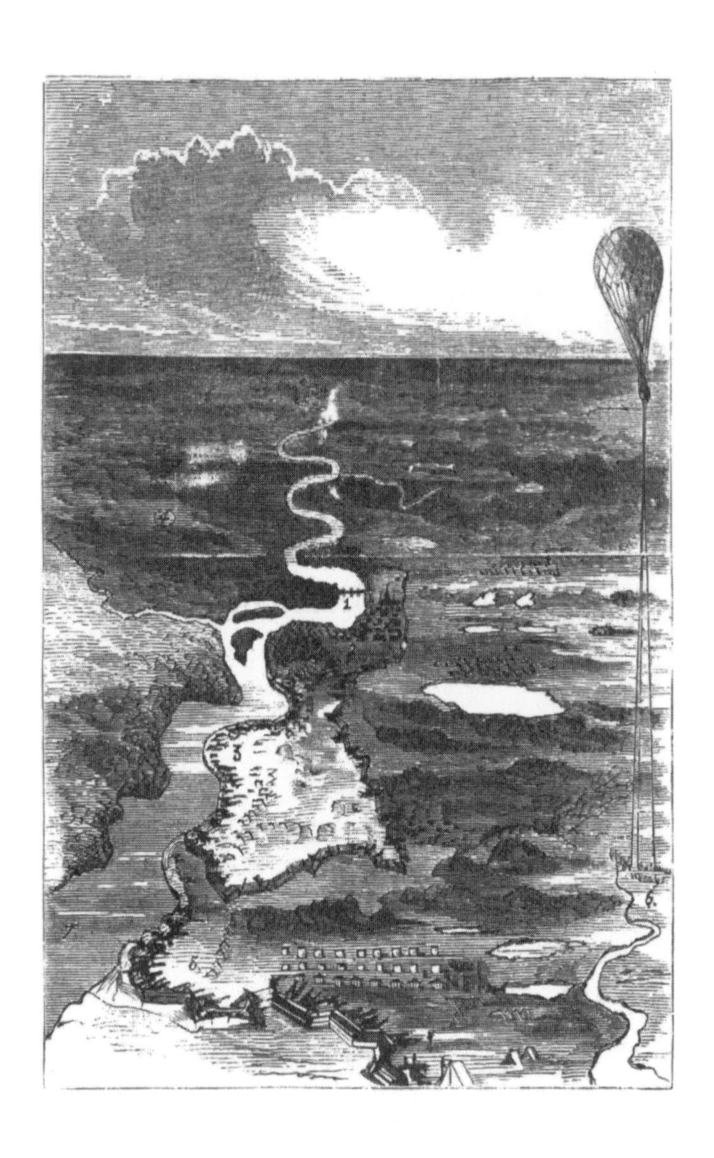

제 2 장

울버햄프턴에서의 첫 비행
1862년 7월 17일

계속 더해지는 난관과 그것을 극복하기 위한 나의 고군분투에도 불구하고 결국 나는 내 의지와는 다르게 대중과 영국 학술협회 앞에서 이미 들어간 비용에 합당한 결과물을 얻어내겠다고 약속해야 했다. 요컨대 내가 직접 관측자로 나서겠다고 제안했던 것이다. 마스 기구 시도가 불발되고부터 내가 첫 비행에 나서기까지 서너 달의 시간은 예비연구와 실험에 오롯이 투입되었다. 내가 가져갈 장비의 구성과 조작에 집중하고 있었기 때문이다. 또한 제한된 공간에서 기구를 사용하고 조작하는 것도 몸에 익혔고, 거대한 기구의 바스켓에서 탁자 역할을 하게 될 판자 위에 어떻게 하면 가장 효율적으로 기구들을 배치할 것인가 고민했다. 그래서 비행일이 임박했을 때 나는 나 자신을 기구 초보가 아니라 베테랑이라고 마음에 새기며 자신감을 얻을 수 있었다.

지상에서 많은 관측 경험을 쌓아왔음에도 불구하고 또 첫 비행을 위해 그토록 전념했음에도 불구하고 나는 유용한 사전지침의 많은 부분을 간과했고 불필요한 장비들로 번잡함을 자초했다. 그 이후 계속된 비행에서는 이런 실수를 반복하지 않고 장비를 완벽하게 갖출 수 있었다. 나는 때로는 나 자신의 손해를 감수하고 얻은 경험들이 과학자들의 착각을 알려주는데 일조했으면 한다. 즉 과학자들은 생애 처음 기구를 타는 경우에도 높은 고도에서 얼마든지 관측을 할 수 있다고 생각하는데 이건 착각이다.

낯선 상황, 모든 관측을 단시간에 끝내야하는 촉박함, 제한된 공간 등은 관측자에게 사전에 가능한 모든 조건에서 장비 사용을 충분히 연습할 것을 요구한다. 나 또한 극히 중요한 현상을 관측하는데 실패하면 어쩌나 매순간 노심초사했고, 인간의 눈으로 처음 접하는 현상이 막상 내 앞에 나타나는 순간 혹여 내가 제대로 준비를 하지 못하고 있다가 자책하는 상황에 빠지지는 않을까 신경을 곤두세우느라 기진맥진했던 경험이 있다.

영국 학술협회 산하 위원회에서 가장 큰 관심을 기울이고 있는 목표는 다음과 같았다. 가능한 높이 올라가면서 각 고도마다 기온과 습도 측정하기. 고도 상승에 따른 기온의 하강률을 측정하고 그 수치가 산악에서 관측한 결과와 동일한 것인지 즉 고도가 300피트 상승할 때마다 기온이 약 0.55도씩 낮아지는지 확인하기. 고도에 따라 공기 중에서 또 운하雲下 운중雲中 운상雲上에서 각각 보이지 않은 증기 형태의 수분 분포도 조사하기.

그리고 부차적으로 다음과 같은 목표가 제시되었다.

1. 다니엘 이슬점 습도계, 레놀 응축 습도계, 고도별 흡기기aspirator, 공기나 수증기를 빨아들이기 위한 장치-옮긴이를 사용할 때(건습구 양쪽에 많은 양의 공기를 지나게 함으로써)와 일반적인 방식으로 사용할 때를 비교하면서 건습구 온도계로 이슬점 온도 측정하기. (가능한 높은 고도까지 올라가되 특히 인간이 거주할 수 있거나 군대가 주둔할 수 있는 고도에--이를테면 인도의 고지대와 평원처럼--유념하여 측정할 것.) 이때 건습구 온도계를 고도마다 제대로 사용할 수 있는지 확인하고, 그 측정치와 두 개의 습도계 측정치를 비교해 볼 것. 또한 두 개의 습도계 간 측정치 결과도 비교해 볼 것.

2. 고도 5마일까지 아네로이드 기압계와 수은 기압계의 측정치 비교.

3. 각 고도마다 공기의 전기 상태 조사.

4. 오존 시험지를 이용한 대기의 산소 상태 측정.

5. 자석의 진동 시간을 이용하여 고도에 따라 지구 자계의 수평 강도가 강해지는지 아니면 약해지는지 측정.

6. 지상에서 봤을 때 또 높은 고도에서 봤을 때 태양 스펙트럼에 차이가 있는지, 태양 스펙트럼을 지나는 암흑선이 특히 일몰 무렵에 더 많아지는지 아니면 적어지는지 측정.

7. 고도별 공기 채집.

8. 고도에 따른 구름의 종류와 그 밀도와 농도 기록.

9. 대기의 다른 기류의 정도와 방향 측정.

10. 음향 측정

11. 고도별 태양 복사열 관측.

12. 허셜의 광량계를 이용하여 고도별 태양의 화학선 영향 측정.

13. 전반적인 대기 현상 기록, 전반적인 관측 작업

내가 관측 장비를 어떻게 배열했는지 일례를 그림으로 나타내면 다음과 같다.

맨 왼쪽(1)은 건습구 온도계다.(다음 그림)

2 다니엘 습도계

3. 수은 기압계

4. 구를 태양광선에 완전히 노출한 어두운 구온도계.

5. 흡기기와 연결한 건습구 온도계.

6. 밀봉한 진공관 속에 넣고 어둡게 한 구온도계. 4번처럼 바깥쪽으로 돌출시켜 구가 태영광선을 완전히 받도록 함.

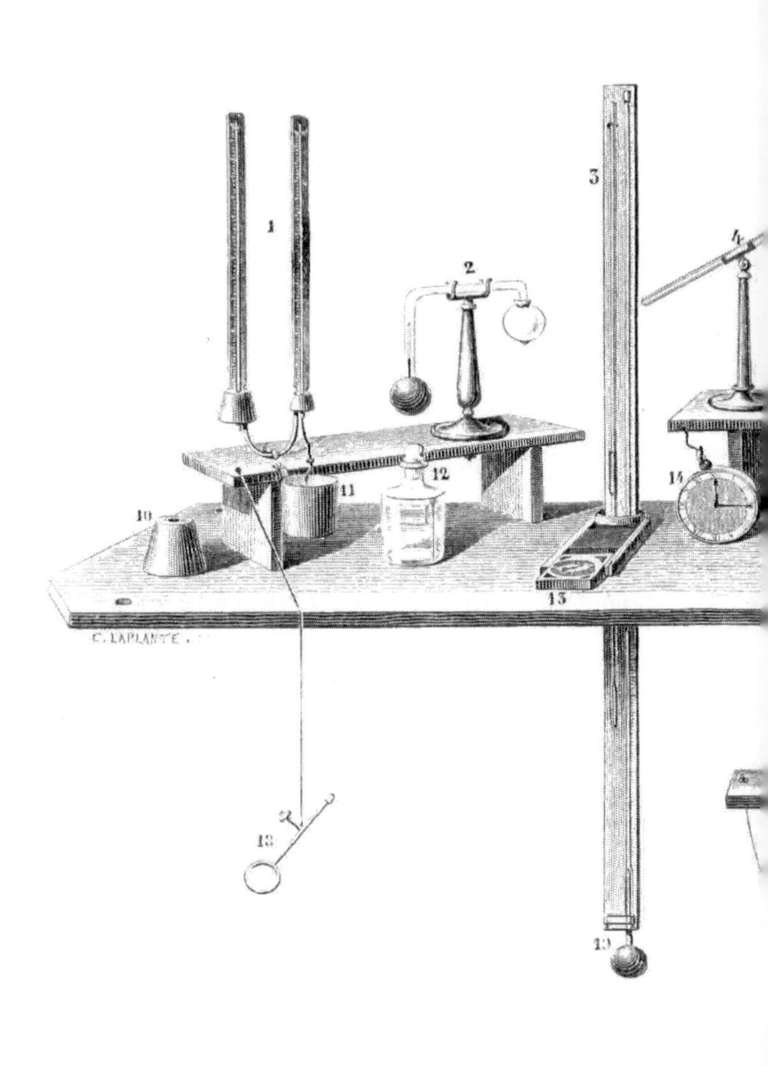
1
2
3
10
11
12
13
14
18
19
C. LAPLANTE

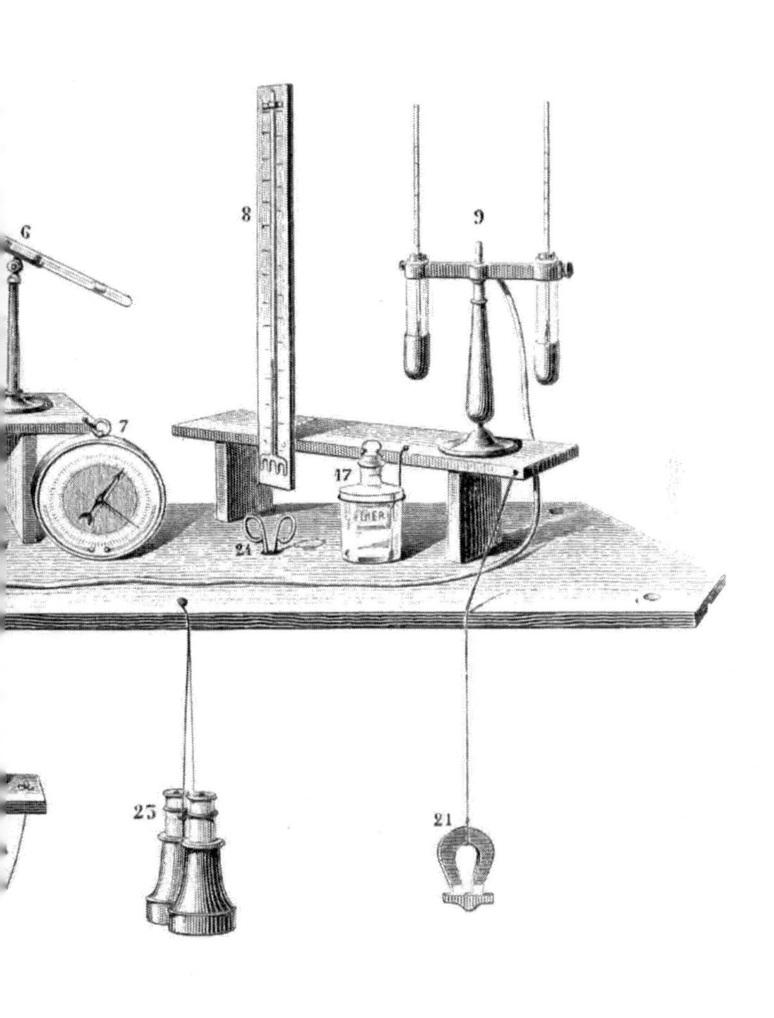
6
8
9
7
17
24
25
21

7. 아네로이드 기압계

8. 격자 형태의 구가 딸린 극도로 민감한 온도계. 이 기구의 민감성을 높일 목적으로 배치함.

9. 흡기기와 연결된 탄성 고무관이 있는 레놀 습도계.

10. 건구 온도계를 태양광선으로부터 보호하기 위한 두 개의 원뿔형 은 차폐물 중 하나.

11. 습구 온도계에 사용하는 물통.

12. 작은 물병

13. 나침반

14. 정밀시계

15. 16. 흡기기와 연결된 2개의 탭tab 하나는 건습구 온도계(5번)에 다른 하나는 레놀 습도계(9번)에 연결되어 있다.

17. 다니엘 습도계와 레놀 습도계에 사용하는 에테르 병

18. 장비의 측정값을 읽기 위한 렌즈

19. 온도계의 수직을 유지하기 위하여 부착한 저울추

20. 발로 작동시킬 수 있게 배치한 흡기기

21. 나침반 바늘에 진동을 주는데 사용하는 자석

22. 최저 온도계

23. 오페라글라스

24. 줄을 자르는데 사용하는 가위

이 모든 장비들은 탁자에 줄로 묶어 놓아서 언제든 줄을

자르고 사용하거나 아니면 탁자에 고정시킨 상태로 사용하게 배치해 놓았다. 탁자는 기구 바스켓에 걸친 뒤 튼튼한 줄로 묶어서 고정했다. 착륙 시점에서 모든 장비들은 재빨리 탁자에서 떼어내 푹신푹신한 완충재로 겹겹이 싸서 착륙의 충격에서 부서지지 않게 해야 한다. 바스켓에 나를 제외하고 세 사람 이상이 탑승하는 경우에는 장비의 배치를 달리하고 그 수도 줄였다.

아주 높은 고도까지 꼭 올라갈 필요가 없는 경우(이를테면 기구에 5~6명이 탑승한 경우)가 있는데, 이때는 아네로이드 기압계만 고도 계산에 사용하고 수은 기압계는 가져가지 않았다. 왜냐하면 일정고도에서 아네로이드 기압계 수치가 언제나 수은 기압계의 그것과 거의 일치한다는 걸 발견했기 때문이다.

건습구 온도계는 흡기기와 상관없이 언제나 같은 값을 나타낸다. 그 결과 항상 흡기기를 연동하여 온도계들을 사용할 필요는 없었다. 레놀 습도계로 이슬점 온도를 측정하는 데 필요한 것은 하나의 온도계와 깨끗한 표면이 전부여서 온도계 중에서 하나만 사용되었다.

이런 변경 덕분에 나는 필요한 장비 전부를 더 협소한 공간에 효율적으로 배치할 수 있었다. 나중에는 저고도 비행의 경우 모든 장비를 판 위에 올려놓는 동시에 바스켓 측면으로 나가도록 배치했다. 이렇게 함으로써 공기가 장비에 더 많은 작용을 하게 만들고 조종사에게 보다 넓은 공간을 주는 이중효과가 있다. 그리고 야간비행용 장비에 최적화된 배치 방식도 고안했다. 밤에는 장비의 측정값 특히 상대적으로 더 작은 숫자판을 읽기가 불편하다. 이런 경우에는 대개 건습구 온도계만 사용하여 고도별 기온과 습도를 측정했다.

야간 비행에는 잘 만들어진 데이비램프(안전등)를 가져갔다. 데이비램프는 비행 전에 등용가스 속에 던져보는 등의 실험을 통하여 화재와 폭발에 안전한지 미리 확인했다. 주간비행에도 이 램프를 가져갔는데, 기구 바스켓에서 더없이 편안하게 사용할 수 있었다. 이 램프 덕분에 야간에도 낮보다는 다소 더디긴 해도 측정값을 읽을 수 있었다. 이 야간 비행에서도 나는 예전처럼 장비 배치판을 바스켓 밖까지 빼고 조종사를 등지고 섰다. 기구 조종과 운용은 조종사에게 전적으로 맡기는 한편 바스켓 내부의 공간을 최대한 확보한 것이다. 또한 밤에는 테두리에 패드를 댄 푹신푹신 쿠션—배치판의 크기에 맞는—을 놓고 그 위에 시계, 기압계, 연필 등을 넣어두었다.

지금까지 장비에 대해 자세히 설명한 이유는 그것이 많은 생각과 관심의 결과이고 경험에 바탕을 둔 것이기 때문이다.

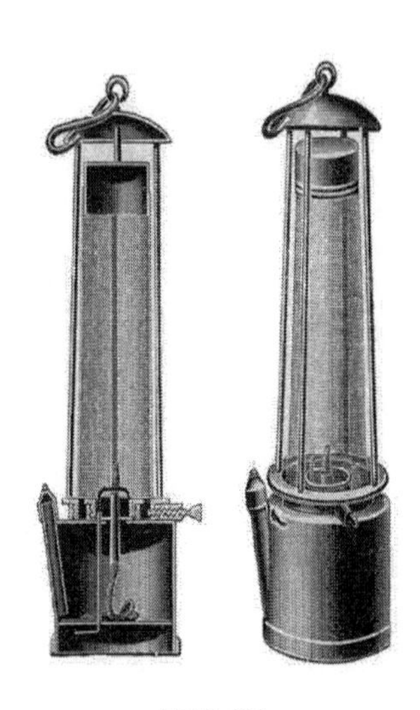

데이비 램프

가끔은 분광기, 오존 테스터, 일사계 등의 다른 장비들도 가져갔다. 이런 장비들은 흡인기능이 있는 일체의 기구 없이도 사용가능하다는 것을 발견했기 때문이다. 그밖에 처음에는 꼭 필요한 장비라고 생각해서 가져갔으나 실상은 그렇지 않았던 것들도 있었는데, 이런 장비들에 대해서는 구체적으로 열거하진 않겠다. 탁자에 장비를 배치하는데 있어서 가장 중요한 원칙은 나사, 볼트, 줄 따위로 장비 전체를 고정하고 빠르고 쉽게 측정치를 읽을 수 있는 위치에 두는 것이다. 그밖에도 착륙 때는 장비들을 전부 탁자에서 떼어내어 충전재가 채워진 상자에 아주 빠르게 집어넣음으로써 충격으로 인해 부서지지 않게 하는 것도 물론 중요한 원칙이었다.

1862년 6월 30일, 콕스웰이 자신의 신형 기구를 울버햄프턴으로 가져왔다. 그것은 실크가 아니라 굉장히 튼튼한 모조 에나멜가죽으로 만든 기구였다. 가스 용적량은 90,000입방피트로 유명한 나소 기구의 크기를 능가했다. 이번에도 불운이 위원회의 발목을 잡았다. 잦은 돌풍에도 불구하고 기구의 가스 주입 작업이 진행되었고, 3시간 후에는 60,000입방피트 가량의 가스가 채워졌다. 그 시점에는 바람이 한층 거셌고 기구의 안전에 대한 불안감이 커져서 결국에 가스 주입 작업은 중단되었다. 바람은 점점 더 거세졌고 구피의 첫 번째 이음매가 찢어져 버리고 말았다. 가장 넓게 찢어진 부분은 거의 구피의 한쪽 끝에서 한쪽 끝에 다다를 정도로 컸다. 손상이 너무 컸기에 많은 인력이 수선 작업에 투입됐음에도 불구하고 일주일 이상이 걸렸다.

가스 공급사의 중역진과 엔지니어인 프라우드 씨가 경유를 공급해주었는데, 그들의 도움이 아니었다면 우리가 확보할 수 없었을 것이다. 밀폐 증류기에서 뽑은 석탄 추출물은 증류 초반에 광력이 가장 강하고 증류가 진행될수록 점점 그 강도가 줄어든다. 마지막 증류 과정에서 나온 것이 경유로 광력이 약한 반면 기구에 가장 적합하다. 이 마지막 추출물이 특수 가스탱크에 주입되었는데, 이런 환경 덕분에 내가 아주 높은 고도까지 올라갈 수 있었다. 가스 공급사에서 가스탱크를 사용할 수 있게 지원해주지 않았더라면 그 정도의 고도까지 올라가는 건 거의 불가능했을 터다.

기구를 수리한 후 일주일은 계속 날씨가 좋지 않았다. 7월 17일은 내가 울버햄프턴에 머물 수 있는 마지막 날이었다. 가스 주입은 로트슬리 경이 참석한 가운데 오전 5시부터 시작되었다. 가스 주입이 진행될수록 날씨는 점점 더 나빠졌다. 이미 너무 많은 시간을 허비하지 않았더라면 그래서 비행 일정이 계속 연기되지만 않았더라도, 우리는 절대 줄기차게 불어오는 그 모진 서남서풍을 무시하고 출발하진 않았을 터다.

가스 주입 과정에서 큰 난관들이 이어지자 숫제 그 작업을 끝낼 수는 있을까 의심이 들 정도였다. 기구의 움직임이 너무 크고 빨라서 이륙하기 전에 장비 하나를 제 위치에 고정하기도 불가능했다. 이런 상황이 기구의 바스켓 안에 발 한번 디뎌본 적이 없던 나 같은 초보자에게 고무적일 리 만무했다. 콕스웰이 9시 42분 이륙하기로 결정했을 때 그때까지 날아오르려고 몸부림치던 기구는 상승하는 대신에 어느 거리까지는 수평으로 움직였다. 중간에 굴뚝이나 높은 건물이라도 있으면 불상사가 일어날 판이었다.

오전 9시 43분경 이륙한 우리는 9시 49분에 4,467피트 높이의 구름에 닿았다. 더 높이 올라서 9시 51분에는

5,802피트 고도에서 구름층을 빠져나왔지만 7,980피트에서 또 다시 층적운에 휩싸였다. 9시 55분, 태양은 우리를 향해 밝게 비추었고 그 결과 가스가 팽창하여 구피가 저절로 완벽한 구형을 띠었다. 더없이 웅장한 풍광이 펼쳐졌지만 불운하게도 내겐 풍광과 그 아름다움을 오롯이 음미할 여유가 없었다. 그때까지도 장비를 각각의 위치에 배열하느라 경황이 없었고 결국 장비 배치를 다 끝내기도 전에 우리는 10,000피트를 넘는 고도까지 올라갔다. 그때(오전 10시 2분) 구름은 아주 아름다웠고, 10시 3분에는 고도 12,709피트에서 음악소리가 들려왔다. 10시 4분에는 구름 사이로 지상이 내려다 보였다. 16,914피트에서 구름은 우리보다 한참 아래에 있었지만 멀리에 있는 적운과 층운은 둘 다 우리와 같은 고도처럼 보였다. 우리 위쪽의 창공은 구름 한 점 없이 짙은 감청색이었다.

출발 때 기온은 섭씨 15도 이슬점 온도는 12.8도였고, 고도 4,000피트에서는 기온 7.2도 이슬점 온도는 0.5도였다. 이후 10,000피트에 도달하자 기온은 영하 3.3도 이슬점 온도는 영하 7.2도로 떨어졌다. 그리고 13,000피트까지는 기온의 변화가 없었다. 이 고도에 오르는 동안 겉옷에 결정체들이 맺혔는데, 우리는 5마일(26,400피트, 약 8킬로미터)에 도달하기 전에 강추위를 경험하게 될 거라고 확신했다. 그런데 놀랍게도 15,500피트에서 기온은 영하 0.6도 이슬점 온도는 영하 3.9도였고 이때부터 기온이 계속 오르더니 19,500피트에서는 5.6도 이슬점 온도는 약간 떨어진 영하 4.4도를 기록했다. 우리는 여분으로 껴입은 옷들을 전부 벗었다. 이후 2분이 채 지나지 않아서 어느 정도 하강했을 때 기온이 다시 영하 3도에서 영하9도까지 다시 급격히 떨어지기 시작했다. 이는 불과 24분전보다도 더 낮은 수치였다.

18,844피트에서 수평자석이 18차례 진동하는데 26.8초 걸렸고, 같은 고도에서 내 맥박은 분당 100회를 뛰었다. 19,415피트에 이르지 심박동이 매우 빨라졌고, 정밀시계의 초침 소리가 아주 요란하게 들려왔다. 내 호흡도 영향을 받았다. 19,435피트에서 내 맥박은 급격하게 빨라졌고, 장비의 측정값을 읽기가 점점 어려워졌다. 심박동도 아주 빨랐다. 손과 입술은 검푸른 색을 띠었지만 얼굴은 그대로였다. 20,238피트에서 수평자석이 28차례 진동하는데 43초 걸렸다.

21,792피트에서 나는 기구의 급격한 수직 또는 수평 움직임이 없었음에도 불구하고 배 멀미와 비슷한 경험을 했다. 이 메스꺼움 속에서 나는 이슬이 맺힐 정도로 기온이 떨어질 때까지 한참동안 측정값을 읽지 못했다. 이 고도에서의 창공은 몹시 짙은 청색이었고, 구름은 우리보다 한참 밑에 있었다. 22,357피트에서 자석을 진동시키려고 했지만

그러지 못했다. 자석은 20도 정도의 호를 그리며 움직이다가 갑자기 멈춰 버렸다.

오전 11시가 조금 넘어서 하강을 시작했다. 콕스웰은 우리의 위치가 링컨셔와 노퍽 주 사이의 워시 만에 너무 가까워서 꽤나 신경을 곤두세웠다. 11시 37분에서 11시 38분 사이에 16,300피트에서 12,400피트까지 빠르게 내려갔다. 이 고도에서 우리는 짙은 구름 속으로 들어갔고, 구름을 통과하는 동안 바스켓에서 올려다봐도 구피가 보이지 않았다.

하강 속도가 너무 빨라서 기구가 마치 낙하산 같았다. 콕스웰은 그때까지 비축하고 있던 많은 양의 밸러스트를 최대한 신속하게 방출했다. 우리는 어마어마한 양의 수증기 응축으로 무게가 지나치게 증가한 상태여서 콕스웰의 갖은 노력에도 불구하고 착륙 과정에서 모든 장비가 부서질 뻔 할 정도로 큰 충격을 받았다.

어느 정도 높은 고도에 도달했을 때 우리는 모래주머니를 전부 버렸다. 고도 5마일에서 우리가 버린 양이 500파운드에 달했다. 게이뤼삭이 33파운드를 유지했던 것에 비하면 굉장히 많은 양이었고, 러시와 그린이 기압계가 12인치에 있을 때 70파운드였던 것과 비교해도 그랬다. 우리는 필요 이상으로 너무 과한 밸러스트를 적재했다고 생각했지만 결과적으로는 부족한 양이었다.

우리는 러틀랜드셔의 오캄 인근의 랭햄에 착륙했다.

구피의 내부

완전한 침묵의 공간

구름이 만들어낸 효과

구름이 만들어낸 또 다른 효과

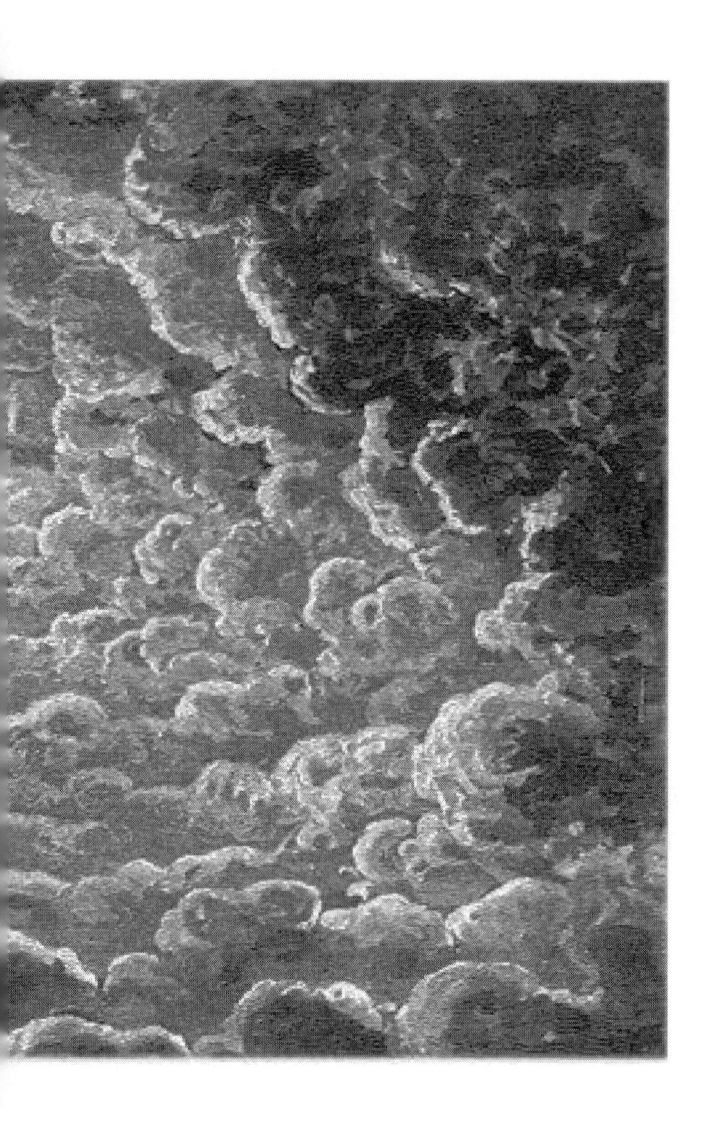

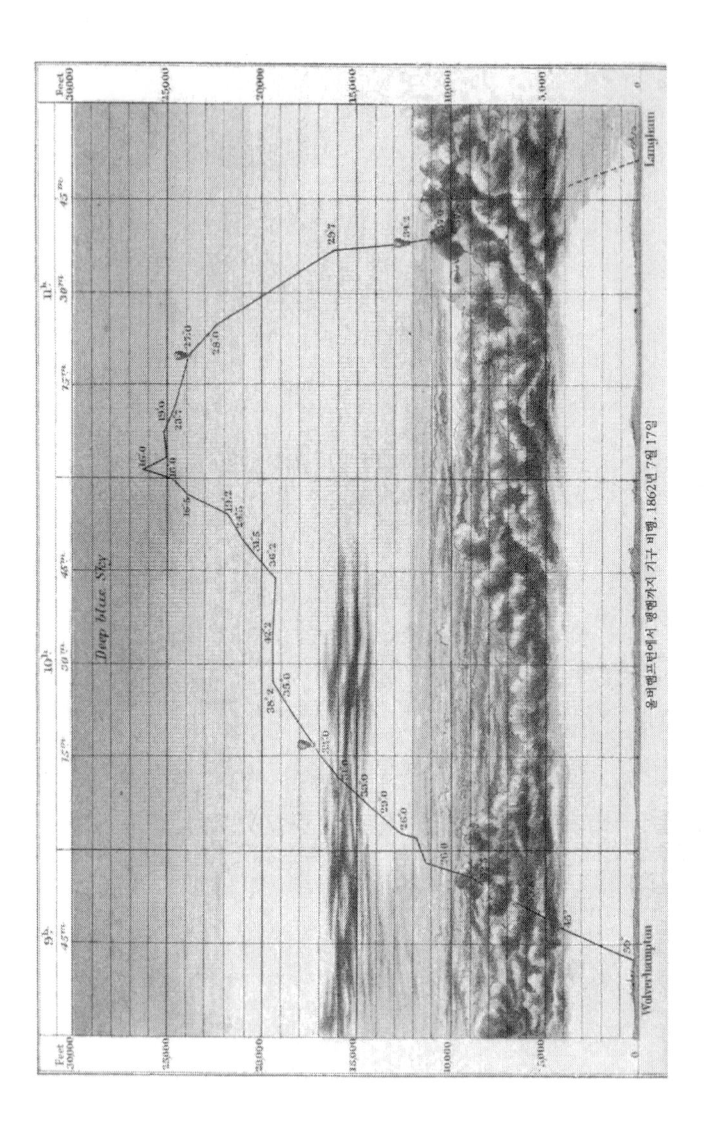

울버햄프턴에서 랭햄까지 기구 비행, 1862년 7월 17일

기구에서 본 태양

기구에서 본 달빛 효과

기구 조종사의 귀환

독특한 기구 그림

제 3 장

또 다른 비상
1862년 8월 18일

이날 날씨는 좋았다. 북동풍도 거의 잠잠했다. 정오 무렵에 기구의 가스 주입이 마무리됐다. 기구는 미풍에 살랑살랑 흔들리는 정도였고, 장비들도 이륙 전에 각각의 위치에 고정해 놓았다. 오후 1시 2분 38초, 스프링 손잡이가 당겨지자 한순간 움직임이 없던 기구는 이내 서서히 안정적으로 비상하기 시작했다. 10분 만에 웅장한 적운을 통과한 뒤 깨끗한 창공으로 빠져나오자, 아름답고 새파란 하늘에 권운(새털구름)이 점점이 수놓아져 있었다. 우리 밑에는 너무도 아름다운 적운 덩어리가 영롱하고도 웅장한 빛과 음영을 자아냈다. 우리는 버밍햄으로 향했고, 그곳이 시야에 들어오기 시작한 시간은 1시 50분경이었다.

고도 12,000피트에 도달하자 기온이 지상에 비해서 섭씨 3.3도로 떨어졌고, 이슬점 온도는 영하 3.36도로 측정되었다. 가스밸브를 열고 3,000피트까지 하강했다. 풍광은 더없이 찬란했다. 우리 한참 밑으로 아주 고운 적운이 펼쳐져 있었고, 저 멀리에는 구름 평원이 보였다. 우리 발아래 자리 잡은 울버햄프턴의 모습은 모형처럼 또렷하고 선명했다. 상승 과정에서 구름은 극도로 아름다운 모습을 띠었고, 때때로 다채롭고 웅장한 산맥이나 돔형의 아름다운 모습을 연출하면서 빛과 음영의 변화무쌍하고 현란한 효과로 우리의 눈을 황홀하게 만들었다. 하강할 때는 공기가 포근하게 느껴졌다.

우리가 울버햄프턴과 월솔 중간쯤에 있을 때 구피가 살짝 터졌고 그 결과 조금 고도가 낮아졌다. 그때 밑에서 우리가 착륙할 거라고 생각한 사람들이 함성을 지르는 소리가 또렷하게 들려왔다. 오후 1시 48분, 모래주머니를 방출하고 큰길을 따라 버밍햄 방향으로 서서히 상승했다. 바스켓 너머로 보니, 구름에 비친 기구의 그림자가 무지갯빛 화관 모양에 둘러싸여 있었고, 운하 가장자리의 물결까지 아주 또렷하게 보였다. 몇 번 더 모래주머니를 덜어내고 상승했다. 풍광은 웅장함의 연속이었다. 동쪽으로는 거대한 구름 덩어리가 오른 쪽으로는 대도시가 모습을 드러냈다. 구피는 다시 빵빵하게 부풀었다.

오후 2시 34분과 2시 45분에 각각 밑에서 천둥소리가 들려왔으나 구름은 보이지 않았다. 2시 54분에는 내 맥박이 1분 안에 100, 107, 110으로 계속 빨라졌다. 24,000피트에 도달한 2시 59분, 우리는 밸러스트를 더 방출할 것인지 아니면 안전한 하강을 담보하기 위하여 그냥 놔둘 것인지 상의했다. 두꺼운 구름층을 통과할 수 있을지 확신이 서지 않아서 더는 상승하지 않기로 결정했다. 3시 3분, 습도계 표면에 좀처럼 이슬이 맺히지 않았고 흡기기의 작동에도 문제가 생겼다.

3시 13분에 천둥과 비슷한 소리가 다시 들려왔다. 3시 25분, 나는 몸에 이상을 느꼈다. 3시 26분 가장 인상적인 풍광이 저절로 펼쳐졌다. 새파랗고 고운 창공에는 새털구름이 산재해 있었다. 시야에 보이는 대지와 들판은 참으로 아름다웠다. 거대한 적운과 층적운(층쌘구름)으로 이루어진 평원이라고 해야 할까 아니면 층적운 바다라고 해야 할까 이런 구름층에 가려진 대지와 들판은 아주 멀리까지 그림자가 드리워져 있는 것처럼 보였다.

그런가하면 햇빛을 가리는 구름 한 점 없이 눈부시게 펼쳐진 지역도 있었다. 또 어떤 곳에 나타난 고립된 적운들은 그 표면이 마치 작은 언덕 모양의 거대한 구름 평원과 연결되어 있는 것 같았는데, 그 틈으로 보이는 대지는 파란 아지랑이 혹은 안개에 일부분이 가려져 있었다. 또 다른 곳에서는 밝게 빛나는 적운이 관찰되었고, 딱히 묘사하기 어려운 고립 구름이 바다처럼 깔려 있기도 했다. 우리가 울버햄프턴을 이륙하여 통과했던 것과 똑같은 아름다운 구름이 정북방으로 펼쳐져 있었고, 우리가 가는 길목 뒤로 계속 늘어져서 구름의 군주라고 불러도 좋을 만큼 광휘와 장려함을 뽐냈다. 바스켓 너머로 올려다보면 지평선이 마치 시야와 같은 높이에 있는 듯한 착각을 일으켰다.

하강할 때는 구피와 바스켓의 모습이 구름에 비쳐 아주 또렷하게 보였다. 우리는 3시 45분에 구름 속으로 들어갔고 태양은 시야에서 사라졌다. 구름을 통과한 시간은 3시 50분, 대지가 보였다. 안개를 통과한 뒤 내려갈 준비를 했고, 버밍햄에서 7마일(약11킬로미터) 가량 떨어진 솔리헐에 무사히 착륙했다.

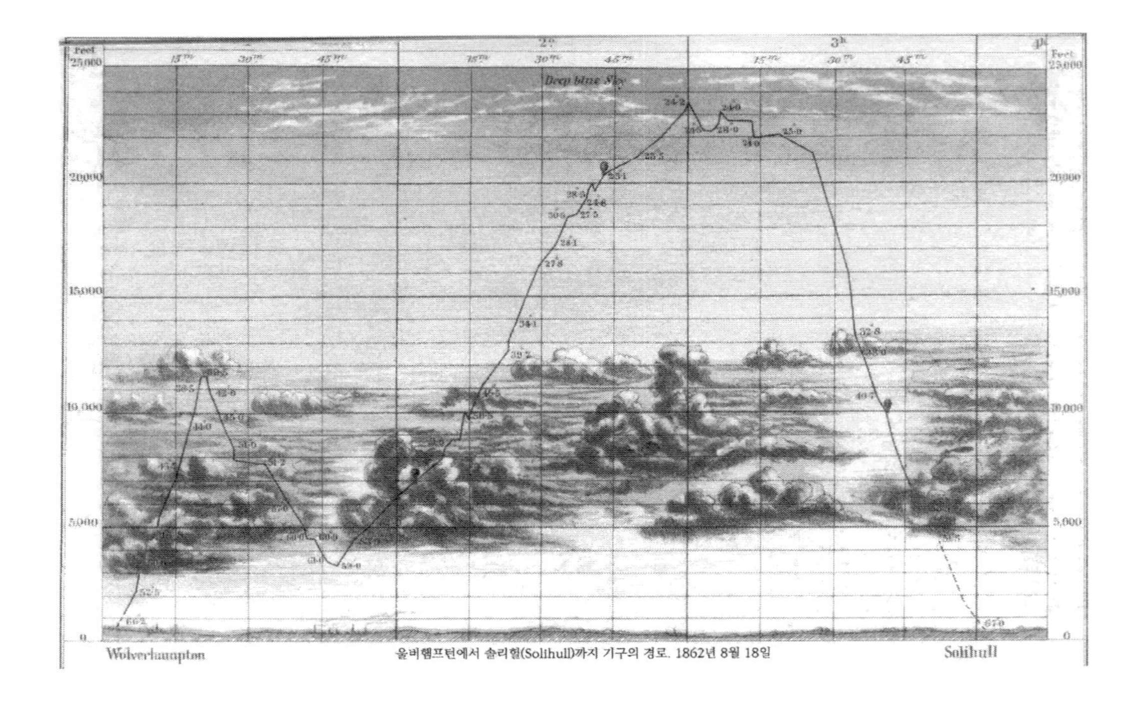

울버햄프턴에서 솔리헐(Solihull)까지 기구의 경로. 1862년 8월 18일

제 4 장

계속되는 도전
1862년 9월 5일

이번 비행은 악천후 때문에 계속 지연된 끝에 이루어졌다. 우리는 오후 1시 3분에 이륙했다. 기온은 섭씨 15도, 이슬점 온도 10도였다. 초반 대기 중엔 안개가 끼어 있었다. 5,000피트 고도에 도달했을 때 기온은 5도, 이슬점 온도는 3.3도였다. 1시 13분 우리는 두께가 330미터 가량 되는 밀운密雲, 두껍게 겹친 구름 속으로 진입했고, 이때 온도가 2.5도 이슬점 온도 역시 2.5도로 떨어졌다.(이처럼 같은 값이 측정된 것은 이 지점의 대기에 습도가 포화상태로 가득 스며들어 있다는 의미다.)

순간적으로 구름이 열어지는가 싶더니 우리는 구름을 벗

어나 아름다운 창공과 쏟아지는 강한 햇빛 속에 있었다. 이때가 1시 17분이었다. 구름 한 점 없는 창공에서 발밑 저 아래로 구름의 거대한 바다가 펼쳐져 있었다. 구름 표면은 끝없는 언덕과 작은 산과 산맥의 모습을 띠었고 그 위로 눈처럼 새하얀 솜뭉치 같은 것들이 무수히 떠올랐다. 나는 이 지점에서 카메라 촬영을 시도했지만 상승 속도가 너무 빠른 데다 계속해서 기구가 빙글빙글 도는 바람에 촬영에 성공하지 못했다. 기구가 회전하지 않았더라면 구름이 너무 눈부셔서 촬영에 필요한 것이라고는 순간 노출 정도였을 터라 아쉬웠다. 힐 노리스 박사가 친히 내게 준 고감도 건판도 한몫 톡톡히 했다.

1시 22분에 2마일 고도에 도달했는데, 이 지점에서 하늘은 검푸른 색을 띠었고 구름 밑으로 간간히 대지가 스쳐갔다. 기온은 빙점까지 떨어졌고, 이슬점 온도는 영하 3.3도였다. 기온 영하 7.8도 이슬점 온도 영하 10.5도의 고도 3마일에 도달한 시간은 1시 28분이었다. 1시 22분부터 1시 30분까지 습구 온도계가 정상 작동하지 않았고 얼음이 그 위에 제대로 형성되지 않았다. 1시 34분에 콕스웰은 숨을 가쁘게 몰아쉬었다. 1시 38분에 대니엘 습도계의 수은주가 측정 한계선 밑으로 떨어졌다. 1시 40분에 도달한 고도는 4마일, 기온은 영하 13.3도 이슬점 온도는 영하 26.1도였다. 모래주머니를 버리고 10분 만에 5마일(약 8킬로미터,

26400피트) 고도에 도달했고, 기온은 영하 19도를 가리켰다.

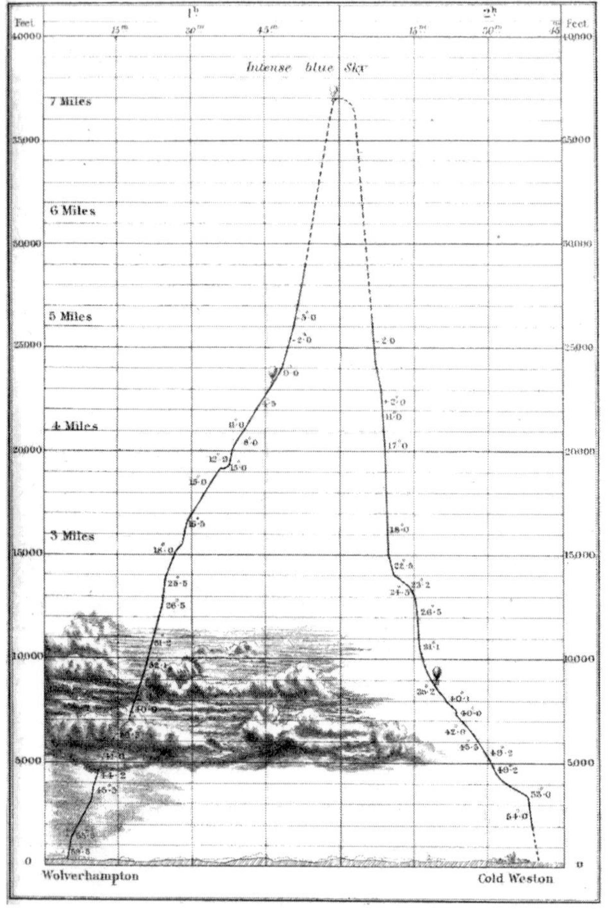

울버햄프턴에서 러들로 인근의 콜드 웨스턴까지 기구의 경로. 1862년 9월 5일

내가 호흡하는데 어려움이 없었던 반면 기구를 조종하느라 움직임이 많았던 콕스웰은 한동안 호흡곤란을 겪었다. 모래주머니를 버리고 계속 더 높이 올라갔다. 흡기기는 작동하기까지 꽤 골치를 썩였다. 게다가 나는 측정값을 정확히 읽기가 어려웠다. 1시 51분, 기압계는 10.8인치였고, 1시 52분경 혹은 그 이후에 건구 온도계는 영하 20.6도를 가리켰다. 그 이후에는 습구 온도계의 수은주도 시계 바늘도 장비들의 미세한 눈금도 읽을 수가 없었다. 나는 콕스웰에게 측정값 읽는 걸 도와달라고 부탁했다. 그러나 이륙 직후부터 계속되는 기구의 회전 때문에 밸브 선이 엉클어져서 그가 바스켓 위쪽으로 로드 링load ring, 기구의 목에 해당되는, 구피의 밑 부분으로 여기에 바스켓이 매달려 있다. 로드 링은 뜨거운 공기를 주입하는 버너가 설치되어 있는 틀 역할을 하기도 한다-옮긴이까지 올라가 엉킨 곳을 풀어야 했다. 그때 내가 기압계를 확인했더니 약 10인치(약 27,500피트, 약 8,382미터)를 가리키고 있었다.

상승 속도는 감소했지만 그래도 29,000피트(약 8,839미터) 이상의 고도에 도달했음을 암시했다. 그 직후에 나는 탁자에 한 팔을 올리고 힘껏 힘을 주었지만 장비들을 사용하려는 의욕과는 달리 손과 팔에 힘이 들어가질 않았다. 다른 팔도 마찬가지였다. 그 다음엔 몸을 흔들어보았더니 그건 가능했다. 그러나 팔다리의 감각이 없는 것 같았다. 기압계를 보려고 머리를 왼쪽 어깨 쪽으로 숙였다. 다시 한

번 몸을 흔들어보려고 기를 썼지만 이번에는 두 팔을 전혀 움직일 수 없었다. 고개에 힘을 주고 머리를 똑바로 세웠더니 몇 초가 지나서 오른쪽 어깨 쪽으로 툭 떨어졌다. 다음에는 뒤쪽 그러니까 바스켓 측면에 등과 머리를 기대어 보았다. 그 자세에서 로드 링에 올라가 있는 콕스웰의 모습이 정면으로 보였다. 나는 다시 몸을 흔들어보았고 이번에는 등 근육을 제대로 쓸 수 있다는 느낌이 들었다. 목 위쪽의 근육도 괜찮았던 반면 팔다리의 근육은 모조리 말을 듣지 않았다. 두 팔의 경우에는 모든 근육이 등과 목에서 떨어져 나간 것처럼 무감각했다.

나는 흐릿하게 보이는 콕스웰을 향해 뭐라고 말을 하려고 했으나 그럴 수 없었다. 한순간 짙은 어둠이 나를 덮쳐왔고, 시신경이 갑자기 마비되었으나 의식만큼은 이글을 쓰고 있는 지금처럼 생생하고 또렷했다. 나는 가사상태에 빠졌다는 생각이 들었고, 서둘러 하강하지 않으면 다음에 겪을 경험은 죽음 밖에 없다고 확신했다. 내가 갑자기 잠에 빠져들 듯 의식이 흐려졌을 때 또 다른 생각들이 떠올랐다. 내 청각에 대해서도 확신이 서지 않았다. 고도 6킬로미터에서 7킬로미터 사이의 완전한 정적과 침묵을 깨는 그 어떤 소리도 들려오지 않았기 때문이다. 내 마지막 관측은 1시 54분, 고도 29,000피트에서 이루어졌다. 1시 54분부터 미세한 눈금을 제대로 볼 수 없는 상태가 되기까지 2~3분 정도 지난 것 같았다. 그래서 내 감각에 이상이 생긴 시점이 1시 56분 내지 57분이라고 생각했다.

마비된 상태에서 나는 "기온"과 "관측"이라는 말소리를 들었다. 바스켓으로 돌아온 콕스웰이 내게 말을 걸면서 나를 깨우려고 한다는 걸 알 수 있었다. 그랬던 걸 보면 당시 내 의식과 청각은 정상으로 돌아와 있었던 셈이다. 나는 그때 콕스웰이 더욱 힘주어 말하는 소리를 들었지만 뭐라고 대꾸를 하지 못했고 움직이지도 못했다. 그가 다시 이렇게 말했다. "해봐요. 지금." 그때 장비들이 어스름히 시야에 들어왔고, 그 다음엔 콕스웰의 모습이 보였다. 곧이어 시야가 깨끗해졌다. 나는 자세를 고쳐 앉고서 마치 잠에서 깬 사람처럼 주위를 두리번거렸다. 정신이 맑아진 느낌은 없었지만 그래도 콕스웰에게 이렇게 말했다. "내가 의식을 잃었었나봐요." 그러자 그가 말했다. "맞아요. 나도 거의 그럴 뻔 했어요." 나는 뻗어있던 두 다리를 끌어당기고 연필을 쥐고서 관측을 시작했다. 콕스웰은 내게 두 손의 감각이 없다고 말했다. 그의 두 손은 검은 색을 띠고 있었고, 나는 그 손에 브랜디를 부었다.

나는 2시 7분에 관측을 다시 시작했고 11.53인치의 기압계 측정치와 섭씨 영하 19도의 기온을 기록했다. "기온"과 "관측"이라는 말소리를 들은 이후 관측을 다시 시작할 때까지 걸린 시간은 아마 3~4분이었던 것 같다. 그렇다면 내 의식이 돌아온 시간은 2시 4분이고, 이로써 총 7분간 의식 불명 상태에 있었던 셈이다. 얼지 않게 신경을 써 왔던 물통 (습구 온도계에 습기를 제공하기 위하여 통에 담아둔 물)이 딱딱한 얼음덩어리가 되어 있었다. 물통은 착륙한 후에도 한참이 지날 때까지 다 녹지 않았다.

콕스웰은 로드 링에 올라가 있는 동안 살을 에는 추위를 느꼈고 구피의 입구 주변에 온통 서리가 내려 있었다고 말했다. 그리고 로드 링에서 내려오려고 했을 때 두 손이 얼어버린 걸 알았다고 했다. 그래서 그는 두 팔로 로드 링을 감싸면서 밑으로 내려왔다. 그는 나를 봤을 때 처음엔 누워서 쉬고 있는 줄 알고 내게 말을 걸었으나 아무런 대답이 없더라고 했다. 이윽고 그는 내 다리가 쭉 뻗어 있고 두 팔은 양쪽으로 축 늘어져 있는 걸 발견했다. 그가 로드 링으로 올라가기 전에 내 얼굴에서 봤던 심각함과 초조함은 온데간데없었고 그 대신에 차분하고 평화로운 표정을 짓고 있더라고 했다. 그는 그제야 내가 의식을 잃었다고 생각한 것이다. 그는 내게 다가오려고 했지만 그러지 못했다. 그 역시도 의식이 희미해져가는 걸 느꼈고, 가스밸브를 열어야 한다는 조바심이 강해졌다고 했다. 그러나 두 손이 곱은 상태라 밸브를 열 수가 없었다. 결국 그는 밸브의 줄을 이로 물고서 기구가 하강할 때까지 두세 번 잡아당겼다.

7마일(약 11.3킬로미터) 고도에서 의식을 잃은 글레이셔

의식을 회복한 후에 나는 몸에 별다른 이상이나 불편함을 느끼진 않았다. 우리가 착륙한 곳은 어떤 종류의 운송수단도 구할 수 없는 지역이었기에 하는 수 없이 7~8마일을 걸어야 했다.

하강하는 동안, 처음엔 그 속도가 너무 빨랐는데 줄곧 동풍이 불어왔다. 하강 속도를 확인한 후 2시 30분에 모래주머니를 버렸다. 그 시점에서 습구의 얼음이 녹았던 것 같다. 그래도 나는 얼음 잔여물까지 다 녹이려고 습구 부분을 엄지와 검지로 감싸고 있었다. 그때부터 측정치가 정확하게 표시되는 것 같았다. 최종 착륙지점은 러들로에서 7.5마일 떨어진 콜드 웨스턴의 커샐이 소유한 드넓은 풀밭 한복판이었다.

내 마지막 관측이 29,000피트에서 이루어졌다는 말은 앞에서 이미 했다. 그때(1시 54분) 우리는 분당 1,000피트씩 올라가고 있었다. 내가 다시 관측을 시작했을 때는 분당 2,000피트씩 내려오고 있었다. 13분이라는 간격을 고려할 때 이 상승과 하강의 두 조건을 연결해야 한다. 이런 조건을 바탕으로 한다면 기구는 36,000~37,000피트(11킬로미터 안팎)까지 도달했던 것으로 추정된다. 극히 미세한 수준까지 측정이 가능한 온도계는 영하 24도를 가리켰고, 이 수치를 보더라도 37,000피트의 고도를 추정할 수 있다. 로드링에서 내려온 콕스웰이 아네로이드 기압계의 정중앙이 모두 직선에 있는 것을 보았는데, 이는 7인치를 의미했고 이 수치 또한 동일한 고도를 가리키는 것이다. 그래서 이 각각의 측정값을 종합해 볼 때 고도는 7마일(약 11킬로미터)라고 볼 수 있다.

이번 비행에는 6마리의 비둘기를 데려갔다. 1마리를 3마일 고도에서 날려 보냈을 때 그것은 날개를 펼치더니 종잇장처럼 떨어졌다. 4마일에서 날린 2번째 비둘기는 마치 급강하를 하듯이 계속해서 빙글빙글 돌았다. 4마일과 5마일 사이에서 날린 3번째 비둘기는 돌덩어리처럼 곤두박질쳤다. 4번째 비둘기는 하강할 때 고도 4마일에서 날려 보냈다. 그것은 원을 그리며 날더니 곧 기구의 구피 꼭대기에 가 앉았다. 나머지 2마리는 지상으로 도로 가져왔다. 그중에서 1마리는 죽어 있었다. 전서구傳書鳩, 메시지 전달용 비둘기였던 마지막 1마리는 아직 살아있긴 했으나 내가 날려 보내려고 하자 내 손을 떠나려고 하질 않았다. 15분 정도 지나자 비둘기는 자기 목에 감겨있던 리본 조각을 모이처럼 쪼기 시작했다. 이윽고 내 손에서 날아오른 녀석은 곧바로 울버햄프턴을 향해 힘차게 날아갔다. 날려 보낸 비둘기 중에서 1마리가 9월 7일 일요일에 울버햄프턴에 도착했는데, 그것이 내가 소식을 전해들은 유일한 비둘기였다.

이번 비행에서 구름을 통과했을 때 기온은 약 5도 올랐고, 이후 고도 15,000피트까지는 계속 떨어졌다. 고도

15,000피트에서 난류가 유입되더니 24,000피트까지 이런 상황이 계속되었다. 그 이후부터 최고 고도까지 기온이 규칙적으로 하강했다. 하강하는 동안 똑같은 난류를 다시 만났는데 고도 22,000피트에서 23,000피트 사이였다. 상승 때도 온도 변화를 방해하는 간섭이 있었는데, 이런 간섭은 하강 때는 더 강하게 일정한 고도까지 지속되었다. 그 이후에는 온도의 규칙적인 상승을 방해하는 간섭은 더 일어나지 않았고, 착륙할 때까지 창공은 맑게 갠 상태였다. 레놀 습도계의 측정값과 건습구 온도계의 이슬점 수치를 종합해 볼 때 30,000피트 이상의 고도에서는 이슬점 온도가 화씨 단위로 영하 50도까지 또는 빙점하 82도까지 내려간다는 것에 의심의 여지가 없었다. 즉 그 지점의 고도에서 대기는 매우 건조하다는 의미다.

바라본 하늘의 신기루

에필로그

낭만이 꿈꾸는 과학

기구에서 내려다볼 때, 지표면 또는 그 부근에 있는 물체들의 상대적 고도감高度感은 송두리째 사라져 버린다. 요컨대 집, 나무, 지세의 기복 따위는 모조리 하나의 단면으로 축소된다. 심지어 기구 밑에 떠 있는 구름마저도 지표면에 놓여 있는 것처럼 보인다. 실상 모든 것이 같은 층위에 놓여 있는 것처럼 보이고 단면적인 형태를 띤다. 다시 말해 기구에서 내려다보이는 모든 것들은(구름까지 포함하여) 눈에 보이는 하나의 단면에서 돌출해있는 것처럼 보이는 것이다.

기구, 프란시스코 고야(Francisco Goya) 작

그러나 아무리 높은 고도에 오르더라도 지평선은 언제나 기구의 바스켓 높이 또는 나 자신의 눈높이와 일직선상에 있는 것처럼 보인다. 그래서 구름의 방해 없이 그러니까 중간에 가로막는 것이 없이 바로 시선 아래로 지상을 볼 수 있다면 그래서 평면의 경계선이 대략 시선의 높이와 비슷해진다면, 눈에 비치는 전반적인 형태들이 약간은 오목한 입체감을 띠지는 않을까 추측할 수도 있다. 그러나 나 자신은 지표면을 평면적이 아닌 입체적으로 본 적이 단 한 번도 없다.

기구에서 보는 도시와 마을은 흡사 움직이는 모형과도 같다. 나는 1863년 10월 9일 해질녘에 런던 상공을 지나갔던 비행을 평생 잊지 못할 것이다. 그때 우리는 7,000피트 고도에서 런던 브리지 바로 위를 지나갔는데, 그 풍광은 이 세상 그 무엇과도 견줄 수 없을 정도로 아름다웠다. 고도가 그리 높지 않아서 우리 시야에 펼쳐진 런던 전경의 세세함이 그대로 전해졌다. 흘깃 스쳐보기만 해도 3백만 시민의 보금자리가 한눈에 들어왔고, 그 전망이 어찌나 또렷하던지 크기가 웬만한 건물들은 금세 눈에 띄곤 했다. 실상 런던 전역이 시야에 들어왔고, 어느 지역은 더없이 생생했다. 런던 외곽까지도 또렷하게 보여서 교외 주택들이 마치 덤불 덩어리처럼 줄줄이 늘어져 있었다. 그 너머의 땅들은 점점 더 멀어지는 시선에 따라서 하나의 정원처럼 하나의 들판처럼 작아져갔다. 멀리 갔던 시선을 끌어당겨 다시 눈 아래를 바라보니 템스 강이 있었다. 옅은 안개조차 없이 처음부터 끝까지 내려다보이는 템스 강에 굽은 물길을 따라 움직이는 장난감처럼 무수한 배들이 점점이 떠 있었다.

그레이브젠드영국 잉글랜드 남동부 켄트주의 템스강변에 있는 도시-옮긴이를 비롯해 템스 강 초입과 그 인근 연안이 노퍽까지 보였다. 템스 강 초입의 남쪽은 그리 선명하진 않았으나 그래도 그 너머 바다까지 수 마일의 거리가 시야를 채웠다. 고도를 좀 더 높이고서 프랑스 해안을 찾아봤으나 보이지 않았다. 주변을 둘러보다가 정원처럼 생긴 켄트 주의 모습에 시선을 빼앗기기도 하고 이내 자기를 다시 봐달라고 조르는 런던을 좀 더 주의 깊게 바라보기도 했다.

런던에서 구불구불 피어오른 가늘고 파란 연기가 아름다운 곡선을 그리며 서서히 멀어져갔다. 딱 한군데, 템스 강 남쪽에만 덜 푸르고 더 짙은 연기가 멀어지지 않고 그냥 머물고 있었다. 나중에 알고 보니 자갈과 진흙이 만나 일직선을 이루는 강 남쪽 끝에서 땅안개가 피어올랐고, 그것이 연기와 뒤섞이고 있었다. 전체 풍광이 파란 닫집과도 같은 창공 아래 펼쳐져 있었고, 지평선 근처를 제외하고 어디를 봐도 구름 없이 깨끗했다. 지평선 쪽에는 적운과 층운이 뻗어 있어서 이 아름다운 런던의 풍광에 어울릴만한 경계선을 이루고 있었다.

지상에 본 해질녘은 아름다웠고 공기는 깨끗했으며 그림자들은 또렷했다. 그런데 창공에서 본 해질녘은 그 금빛 색조가 더 짙었다. 그 색감은 좌우 어느 쪽이든 태양에서 멀어질수록 옅어졌다. 다만 태양에서 90도까지는 여전히 붉은 색을 머금은 구름들이 펼쳐져 있었다. 그리고 태양 주변으로 90도를 제외한 다른 영역은 순백의 적운이 둥글고 체계적인 형태로 둘러싸고 있었다.

나는 줄곧 런던의 야경을 보아왔다. 낮에는 2만 피트 상공에서 그 도시를 가로지르기도 했다. 나는 종종 창공의 웅장한 풍경에 감탄하면서도 런던을 압도하는 풍광은 결코 마주한 적이 없다. 한낮의 도시는 깊고도 풍부하고 지속적인 소리를 낸다. 런던의 포효이자 노동자들의 목소리다. 그런 런던의 2만 피트 상공, 거기선 모든 것이 쥐죽은 듯 고요하다. 아무런 소리도 들려오지 않는다.

내 경험이 기구 조종사들에게 조금이나마 도움이 되기를, 다른 누군가의 보다 광범위한 시도들이 내가 이룬 실험들을 능가하는 날이 어서 오기를 소망한다. 그리고 또 소망한다. 항공술의 발전이 기구를 이용한 과학 연구에 새로운 지평을 열어주기를…….

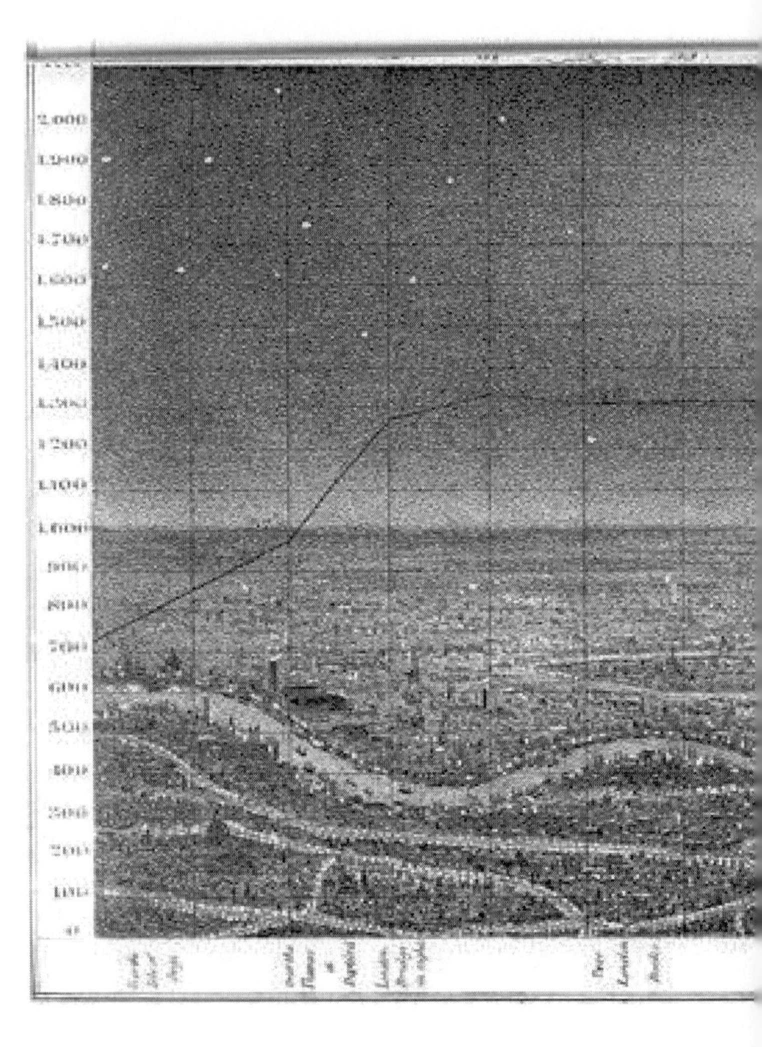

런던 상공을 지나는 야간 비행 경로(1865년 10월 2일)

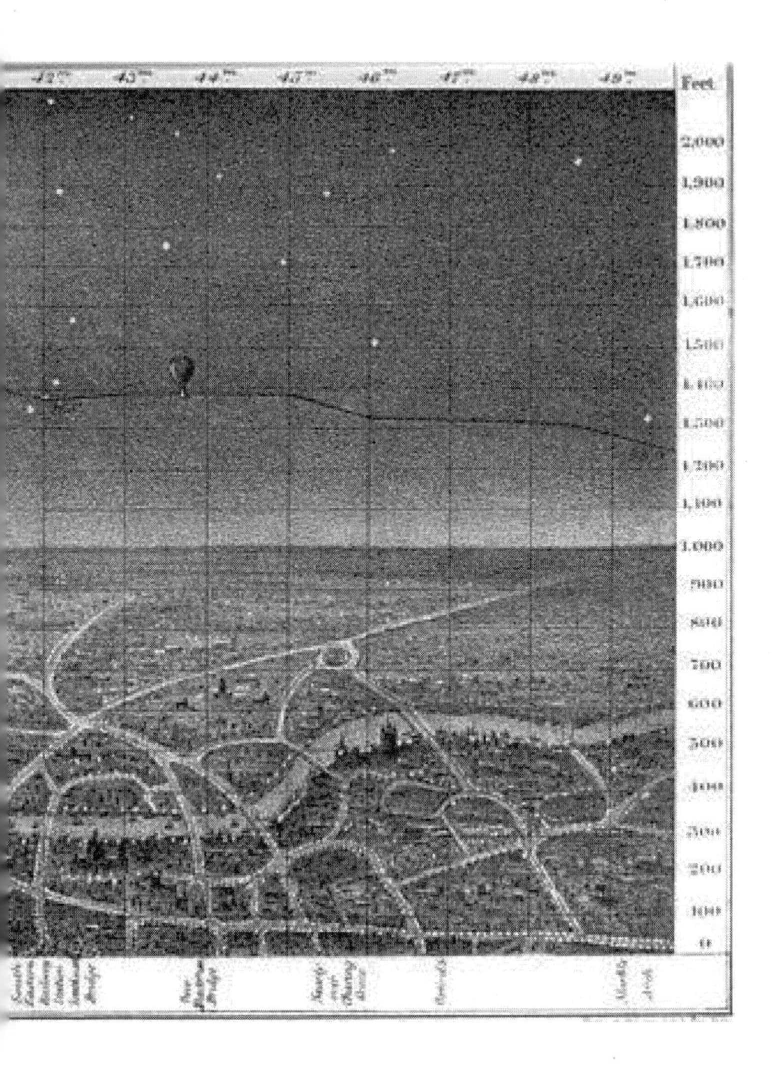
Feet
2,000
1,900
1,800
1,700
1,600
1,500
1,100
1,000
900
800
700
600
500
0

열기구 조종사

하늘길 여행자 에어로너츠

발　행 | 2020년 12월 24일
저　자 | 제임스 글레이셔
역　자 | 정탄
펴낸이 | 정진영
펴낸곳 | 아라한
출판사등록 | 2010년 7월 29일 제396-2010-000096호

주　소 | 경기도 고양시 일산동구 약산길10
전　화 | 070-7136-7477
팩　스 | 0504-007-7477
이메일 | arahanbook@naver.com

ISBN | 979-11-90974-15-8　03900